EL ÚLTIMO TARJETAZO
DE LA CHATARRA A LA OPORTUNIDAD

GUSTAVO VÉLEZ

Vélez Pizarro, Gustavo, 1969
El último tarjetazo: de la chatarra a la oportunidad

Colaboración editorial: Iris Romero
Diseño y montaje de portada e interior: Carlos López Angleró
Tablas y gráficas: Chantal Benet, Eva Juarbe
Fotografía del autor: Ángel Rivera Fontánez

El autor está disponible para conferencias, seminarios y talleres.
Para contrataciones, por favor comuníquese al:
(787) 404-3496
gvelez@economiapr.com

Para comentarios y sugerencias puede escribir a:
Gustavo Vélez
B5 Calle Tabonuco, Suite 216 PMB 109
Guaynabo P.R., 00968-3029

www.economiapr.com
www.facebook.com/gustavovelez
www.twitter.com/gustavovelez

Dedico este libro a Iris Romero,
por su valiente lucha contra el cáncer

PRÓLOGO

A finales del 2011, publiqué mi primer libro, "Reinvención Boricua", en el cuál planteaba la necesidad de repensar el modelo económico de Puerto Rico e hice un llamado a la reinvención económica como respuesta a la crisis. En mi primera publicación, elaboré un programa de ideas para reactivar la economía con medidas de corto y mediano plazo. Tres años después, la situación económica y fiscal del país continúa más desafiante que nunca. Luego de un frágil proceso de estabilización entre el 2011 y el 2012, a partir del 2013, la economía ha entrado nuevamente un ciclo de contracción. En abril del 2015, la economía cumplirá su noveno año en depresión y los últimos eventos como la degradación del crédito a la categoría de "chatarra", el incremento en los impuestos, la aceleración de la emigración, impone nuevos retos aún mayores. La politización de todos los asuntos de relevancia para el país, parece ahogar la esperanza de los puertorriqueños.

De todos los desafíos, el alto endeudamiento y la insistencia gubernamental en continuar tomando prestado a altas tasas de interés, representa un grave error que tendrá profundas consecuencias sociales y económicas. La deuda pública por habitante al presente asciende $20,384, mientras que la deuda por contribuyente es de $89,181. Con una población en decrecimiento, el peso de la deuda y las contribuciones será cada vez mayor, lo que generará fuertes presiones sobre la reducida base productiva y contributiva. Si a la deuda pública le sumamos la deficiencia actuarial de los sistemas de pensiones, la deuda total asciende a $107,309 millones.

La deuda pública de Puerto Rico ha llegado a niveles históricos, que imposibilita la capacidad de recuperación económica de la isla. Con una deuda pública total de $71,345 millones de dólares[1], un casi similar al Producto Nacional Bruto[2], el país lleva sobre sus hombros una carga muy pesada. Es decir, en la actualidad, el valor de la deuda excede el valor de la producción agregada de Puerto Rico.

En palabras sencillas, es como si una persona se ganara $2,000 al mes, pero tuviera deudas de $2,200. En el plano individual, una situación como ésta provocaría grandes dificultades en la operación diaria de un hogar. Para todos los fines prácticos, así opera el gobierno en la actualidad.

Durante décadas, los gobiernos de los dos partidos que han ocupado La Fortaleza, han recurrido a la emisión de deuda para financiar el desarrollo de infraestructura y apoyar financieramente las operaciones gubernamentales. Emitir deuda o tomar prestado no es nada erróneo ni es una mala práctica de administración

---

1 Esa es la deuda reportada en el informe titulado "Financial Information and Operating Data Report" publicado por el Banco Gubernamental de Fomento en octubre de 2014.

2 El Producto Nacional Bruto equivale al valor de la producción de bienes y servicios de una economía anualmente. En el 2013 el valor del PNB a precios nominales fue de $70,740 millones.

pública. El problema de dicha práctica surge cuando la emisión de deuda no se utiliza para los propósitos adecuados, o cuando el ritmo de acumulación de deuda excede la capacidad de crecimiento de la economía. Parte del problema actual, es que se recurrió al uso de la deuda para financiar gastos operacionales del gobierno central, los déficits operacionales de las corporaciones públicas y de los gobiernos municipales. La clase política ha hipotecado el futuro de la isla, incurriendo en altos niveles de deuda que trascienden la capacidad productiva de la economía. El país lo endeudaron a un ritmo mayor que el crecimiento de la economía, provocando la actual encrucijada fiscal y económica.

Los dos principales partidos, han llevado al máximo "la tarjeta de crédito de Puerto Rico" y han comprometido el futuro con una deuda que es impagable, bajo las actuales condiciones económicas. Este libro invita a una reflexión sobre el problema del endeudamiento. Es también un llamado a la acción para aprovechar la actual crisis, como una oportunidad para implementar las reformas estructurales que necesita Puerto Rico para encausar un verdadero proceso de desarrollo económico.

El libro contiene nueve capítulos. En el primer capítulo, analizamos la evolución de la economía entre el 2012 y el 2014. En el capítulo 2, hacemos un recorrido sobre el crecimiento de la deuda pública desde 1973 al presente. En el capítulo 3, analizamos la crisis de los bonos a partir de agosto de 2013. En el capítulo 4, abordamos el impacto de la degradación del crédito a "chatarra", en febrero de 2014. En el capítulo 5, exploramos la experiencia de otras jurisdicciones que han experimentado situaciones como la que atraviesa Puerto Rico. En el capítulo 6, abordamos el tema de la reestructuración de la deuda pública. En el capítulo 7, analizamos la posibilidad de una intervención del gobierno federal para ayudar a la isla. En el capítulo 8, presento algunas propuestas para apoyar la reactivación de la economía. Finalmente, en el capítulo 9, exponemos el tema de la necesidad de articular un pacto de país para superar la actual crisis, así como posibles modelos de colaboración entre el gobierno y el sector privado.

CAPÍTULO 1

LA ECONOMÍA CONTINÚA EN CAÍDA

Al cierre del año natural 2014, y luego de ocho años consecutivos de contracción, la situación fiscal y económica sigue planteando enormes retos al país. El desgaste de la estructura productiva, los severos problemas fiscales, unido a la emigración de miles de profesionales, limita las posibilidades de recuperación económica en el corto plazo. Todos los indicadores apuntan a que la economía parece haber entrado en una especie de caída en espiral, proceso que se recrudece por los aumentos impositivos, la falta de inversión, la pérdida de empleos, y la emigración. Las degradaciones crediticias de febrero y julio, respectivamente, terminaron por complicar aún más la situación del país. Con una deuda ascendente a $71,345 millones[3], el gobierno ha perdido acceso a las fuentes tradicionales de financiamiento. Así las cosas, la actual administración opera con muy pocos instrumentos u opciones para lidiar con los principales retos fiscales y económicos.

---

3   Incluye la deuda del gobierno central, las corporaciones públicas y los municipios hasta julio de 2014.

Comportamiento del Producto Nacional Bruto
(precios constantes)

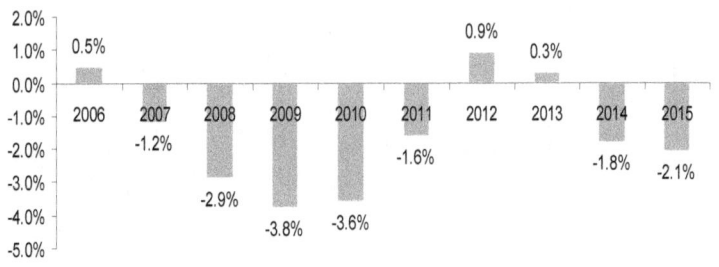

Fuente: Junta de Planificación. Para el 2014 y 2015, son proyecciones de Inteligencia Económica Inc.

En el año fiscal 2012, la economía entró por primera vez a terreno positivo desde el inicio de la recesión en abril del 2006, al experimentar un crecimiento de .9%. La administración del Gobernador Luis Fortuño fundamentó su estrategia fiscal y económica en la reducción del gasto público y la reducción de las tasas contributivas a los individuos y las empresas.

A pesar de la reforma contributiva implementada en el 2011 y los esfuerzos por estabilizar las finanzas públicas, así como la millonaria inyección de fondos ARRA[4], la economía no experimentó una mejoría significativa. El nivel de desempleo continuaba relativamente alto y muchas empresas ya sentían la fatiga del largo período de contracción económica. Los principales sectores productivos como la manufactura y la construcción, aún se mantenían en un estado de fragilidad, mientras que la banca, aunque había experimentado una moderada mejoría, aún no se recuperaba del proceso de consolidación ocurrido en abril del 2010.

---

4 La Ley de Recuperación y Reinversión de América (ARRA, por sus siglas en inglés), firmada el 17 de febrero de 2009 por el Presidente Barack Obama, respondía a la necesidad de estimular la economía en los Estados y territorios. Puerto Rico logró la adjudicación de $6,872.8 millones. Para los años fiscales 2008-2009 y 2009-2010 se recibieron asignaciones por $3,636.9 millones y $2,269.0 millones respectivamente; mientras que para el año fiscal 2010-2011 se recibieron $691.3 millones adicionales. Además, se estiman $248.6 millones para el año fiscal 2011-2012.

Pese al moderado avance en materia fiscal, los problemas financieros del Sistema de Retiro del Gobierno Central y del Sistema de Retiro de los Maestros, no se habían atendido y las casas clasificadoras del crédito advertían sobre la importancia de atender este problema. A junio 30 de 2013, el déficit actuarial combinado de ambos sistemas, ascendía a $35,964 millones, lo que representa el 50.8% del Producto Nacional Bruto (PNB)[5].

Por lo complejo y las posibles repercusiones políticas de las reformas que requerían ambos sistemas, se creó una comisión integrada por representantes del gobierno y legisladores del Partido Popular Democrático. Este comité tenía la encomienda de encontrar mediante consenso un programa de medidas para reformar el Sistema de Retiro. Luego de los efectos de la Ley 7, aprobada en el 2009, la mayoría legislativa del PNP no parecía estar dispuesta a asumir sola los costos políticos de las reformas a los sistemas de pensiones.

La cercanía del período electoral complicaba aún más el escenario de que en efecto, el liderato de ambos partidos implementara las reformas necesarias para reestructurar los sistemas de retiro y evitar un desastre fiscal mayor en el país. Luego de varias reuniones, la delegación del PPD abandonó el comité a poco tiempo de las elecciones generales del 2012. Los representantes de la entonces oposición política indicaron que el PNP implementaría cambios radicales que afectarían las pensiones de los retirados del gobierno.

Se ha especulado que tal acción fue una estrategia política para afectar el cerrado proceso electoral que enfrentaban Luis Fortuño y Alejandro García Padilla. Nunca se conocerá el efecto electoral que tuvo esa estrategia en las elecciones del 2012, pero si podemos estipular que haber pospuesto las reformas a los sistemas de retiro del gobierno central y de los maestros, eventualmente tuvo un efecto enorme en la situación

---

5 "Financial Information and Operating Data Report", Government Development Bank, October 2014

fiscal y económica de Puerto Rico, así como en la eventual degradación del crédito.

La economía en el 2013

Al agotarse los fondos ARRA, que le inyectaron a la economía $6,872 millones y los pocos recursos internos que fueron orientados para reactivar la economía, el Producto Nacional Bruto (PNB) comenzaría a declinar nuevamente. En esencia, el fin de los pocos estímulos puestos en vigor, durante el cuatrienio anterior, provocó que la economía comenzara a perder fuerza nuevamente. Luego de experimentar un crecimiento de .9% en el 2012, durante el 2013 la economía crecería solo en .3%, según la Junta de Planificación.

El cambio de gobierno en el 2013, representó también un cambio en la política económica y fiscal que se había implementado en el cuatrienio del 2009 al 2012. Este cambio, tendría un efecto inmediato no solo en el comportamiento de la economía, sino que afectaría la percepción de las casas evaluadoras del crédito sobre Puerto Rico. En diciembre 13 de 2012, aún sin haber culminado el proceso de transición gubernamental, Moody's degradó el crédito de Puerto Rico a un nivel antes de la categoría denominada como "chatarra". La casa acreditadora expuso en su informe que la degradación respondía a sus preocupaciones sobre el deterioro financiero del sistema de pensiones del gobierno central, el estancamiento de la economía y la pérdida de población. Varios días después de las elecciones, Standard and Poor's emitió un reporte en el cuál indicaba que había una alta probabilidad de que el crédito de la isla fuera degradado a "chatarra" durante el 2013.

La posibilidad de una degradación crediticia comenzó a perseguir a la nueva administración desde el inicio del cuatrienio. Mientras se articulaba el plan fiscal, la ofensiva de reactivación económica se fundamentó en la principal promesa de campaña del gobernador, crear 50,000 empleos en 18 meses. Para lograr esto se firmó la Ley 1 de 2013, conocida como "Ley de Empleos Ahora". El nuevo estatuto estableció un programa de incentivos y un alineamiento programático de las principales agencias de promoción económica para viabilizar el desarrollo o expansión de negocios existentes. Paralelo a este proyecto, el Departamento de Desarrollo Económico y Comercio (DDEC), retuvo a la firma de consultores Boston Consulting Group (BCG) para diseñar el plan económico. Los consultores de BCG identificaron varias industrias que a su juicio serían claves en los esfuerzos de revitalización de la economía, tales como la biotecnología, la economía del conocimiento, el turismo médico, la agro-industria y las PYMES[6].

El plan propuesto por BCG recomendó orientar esfuerzos para culminar proyectos estratégicos como el redesarrollo de la antigua base naval Roosevelt Roads y el Puerto de las Américas. Además, BCG recomendó continuar con los esfuerzos de atraer inversión utilizando las Leyes 20 y 22[7], habilitadas por la pasada administración.

Durante las primeras semanas del 2013, salió a relucir que el gobierno enfrentaba problemas de liquidez y que era necesario tomar medidas para asegurar los ingresos fiscales necesarios para terminar la segunda mitad del año fiscal. Así las cosas, el Departamento de Hacienda implementó un programa de fiscalización y reducción de la evasión contributiva, particularmente del Impuesto de Venta y Uso (IVU). El 28 de febrero de 2013, el Gobernador estampó su firma en lo que sería su segunda ley desde que asumiera el poder, al enmendar la Ley 154 de 2010 que creó el impuesto a las corporaciones foráneas. Con esta ley, se dejaba fijo en un 4% el arbitrio pagado por estas corporaciones hasta diciembre de 2017.

---

6   "The Economic Road Map of the Commonwealth of Puerto Rico", Boston Consulting Group, 2013.

7   La Ley 20 de 2012 provee una tasa contributiva preferencial de 4% para incentivar la exportación de servicios profesionales, con el objetivo de crear en la isla un Centro Regional para la Exportación de Servicios. La Ley 22 de 2012, provee una exención contributiva de 100% de cualquier forma de ingreso pasivo a individuos e inversionistas que se establezcan en la isla y que no hayan sido residentes contributivos, quince años previo a la aprobación de dicha ley. Ambas leyes proveen un decreto de quince años a los que cualifiquen.

La ley original, que de hecho fue duramente criticada por la entonces minoría legislativa del PPD y la cual le votó en contra, establecía una reducción gradual de este arbitrio. Con esta y otras medidas, la nueva administración aseguraba los recursos necesarios para impedir una insuficiencia de recaudos fiscales que afectara la estabilidad del gobierno y que aumentaría la presión de las agencias de crédito.

PRIVATIZACIÓN DEL AEROPUERTO Y LA REFORMA DE LAS PENSIONES

Entre febrero y marzo, comenzaron a surgir los primeros conflictos relacionados a asuntos económicos y fiscales. En primera instancia, la privatización o concesión del aeropuerto internacional Luis Muñoz Marín, negociación que había sido comenzada por la anterior administración y la implementación de la reforma al Sistema de Retiro del Gobierno Central. La privatización del aeropuerto buscaba dos objetivos, identificar a un operador privado para modernizar las deterioradas facilidades y atraer nueva líneas aéreas a Puerto Rico. Simultáneamente, la transacción de casi $600 millones, permitiría amortizar parte de la abultada deuda de la Autoridad de los Puertos.

Por otro lado, atender el problema del sistema de pensiones, era medular para evitar una degradación a "chatarra" del crédito, toda vez que el Sistema de Retiro enfrentaba un déficit actuarial de $27,645 millones[8]. El deterioro del sistema había llegado un punto tan crítico, que por cada dólar en obligaciones de pensiones futuras, el sistema sólo tenía seis centavos en activos. Un colapso del Sistema de Retiro implicaba que el gobierno tendría que desembolsar anualmente sobre $1,200 millones del Fondo General para pagar las pensiones a 117,861 retirados.

---

8   La deficiencia en la capitalización del sistema de pensiones provoca una insuficiencia para poder honrar las pensiones de los futuros retirados. Un déficit actuarial es la futura insuficiencia de recursos para pagar todas las obligaciones del sistema. En palabras sencillas, antes de la reforma del sistema de pensiones, por cada dólar en obligación de pago había solo 6 centavos en activos.

Justo antes de la reforma habilitada por la Ley 3 de 2013, el valor neto de los activos del sistema era solo de $1,236 millones. Las proyecciones indicaban que de no hacer nada, el sistema se quedaría insolvente en el 2015. Bajo la amenaza de una degradación crediticia y ante la posibilidad real de un desastre fiscal de proporciones mayores, el primero de marzo de 2013, La Fortaleza envío a la Asamblea Legislativa el proyecto para reformar el Sistema de Retiro del Gobierno Central. Luego de un intenso mes de debates y controversias, el 4 de abril el proyecto fue aprobado por ambas cámaras por un estrecho margen.

El Gobernador envió a las casas acreditadoras el mismo 4 de abril por la noche, copia de la ley firmada, lo que provocó informes positivos de Standard and Poor's y Moody's. Sin embargo, la administración sólo compró tiempo, al no atender el problema del Sistema de Retiro de Maestros, que también enfrentaba serios problemas financieros. Como veremos mas adelante, al final del 2013, el Gobernador tuvo que presentar legislación para reformar el sistema de pensiones del magisterio, en el contexto de lo que era el preludio de la degradación del crédito de Puerto Rico.

SE AGUDIZA LA CONTRACCIÓN ECONÓMICA

Transcurridos los primeros cinco meses del 2013, la situación económica se complicaba aún más. Los principales indicadores demostraban que la economía entraba en una nueva fase de contracción. Entre noviembre de 2012 y abril de 2013, el Índice de Actividad Económica (IAE)[9], que publica mensualmente el Banco Gubernamental de Fomento, experimentó seis caídas consecutivas. Ya para mayo de 2013, el país entraba a un intenso debate en torno al presupuesto de gastos presentado por el Gobernador para el año fiscal 2013-14.

---

9   El Índice de Actividad Económica, es preparado y publicado mensualmente por el Banco Gubernamental de Fomento. Es un instrumento de análisis del comportamiento de la economía, que permite a base de cuatro indicadores, analizar mensualmente el crecimiento o decrecimiento económico. El IAE, utiliza la producción de energía, el consumo de gasolina, el empleo total y las ventas de cemento.

La propuesta presupuestaria presentaba un incremento de $700 millones en gastos a ser financiados con nuevas contribuciones, particularmente por una expansión en el impuesto de venta y uso, en las transacciones entre empresas. Eventualmente, ante el rechazo de las organizaciones empresariales, esta propuesta fue alterada por una idea aún más adversa a la economía. Además, el presupuesto incluyó un aumento en el arbitrio a las importaciones de derivados del petróleo de tres dólares a nueve dólares con veinticinco centavos por barril, para generar nuevos ingresos para la Autoridad de Carreteras y Transportación. Esta última medida tenía la finalidad de asegurar el pago de líneas de créditos contraídas con el Banco Gubernamental de Fomento y otros acreedores privados[10].

Índice de Actividad Económica

Fuente: Banco Gubernamental de Fomento

En fin, el presupuesto para el período fiscal del 2013-14 implicaba aumentos impositivos que tendrían el efecto de agravar aún más la situación económica. Sin embargo, los oficiales del equipo fiscal planteaban que eran necesario para cumplir con sus compromisos financieros y el pago de deudas viejas. Desde esta perspectiva, se le estaba pasando la "factura" al sector empresarial y a los consumidores, con

---

10 Ley Núm. 30 y la Ley Núm. 31 de 25 de junio de 2013, fueron aprobadas durante el proceso presupuestario de 2013.

nuevos impuestos para pagar los "platos rotos" de las fallidas decisiones fiscales tomadas por los gobernadores anteriores.

De los ingresos nuevos, muy poco iría destinado a inversiones en mejoras de capital o infraestructura, componente esencial para reactivar la economía. Lo que convertía al presupuesto en uno de gastos operacionales con ningún énfasis hacia la reactivación de la economía. Al tomar esta decisión, el gobierno en su primer presupuesto, definió lo que sería la continuación de las mismas estrategias financieras, que lejos de resolver el problema económico, lo agudizarían.

Luego de una intensa y larga controversia, que se extendió durante todo el mes de junio, con las organizaciones empresariales opuestas a la expansión del IVU en las transacciones entre negocios, surgió la idea de una "Patente Nacional". Este tributo especial funcionaría como un impuesto en la venta bruta de las empresas. La nueva patente permitió sustituir la propuesta original del IVU expandido, con la idea de generar $500 millones, durante el año fiscal 2013-14. Además, la tasa contributiva de las corporaciones regulares que había sido reducida de 39% a 30%, bajo la reforma del 2011, volvía a ser aumentada a 39%.

Las nuevas medidas impositivas recaerían entonces principalmente en el sector productivo, dentro de una coyuntura compleja, en la cuál la gran mayoría de las empresas enfrentaban ya el desgaste de la recesión iniciada en el 2006.

LAS NUEVAS CONTRIBUCIONES Y SUS EFECTOS ADVERSOS EN LA ECONOMÍA

Análisis y estudios realizados por Inteligencia Económica Inc. para diferentes industrias y sectores, concluyeron que estos aumentos impositivos han sido negativos para la economía, lo que ha agudizado la crisis que vive el país[11]. Lejos de proveer las condiciones para que el sector privado aporte a la recuperación de la economía, invirtiendo en expansiones o creando nuevos empleos, las nuevas contribuciones han tenido el efecto de debilitar aún más al sector empresarial, agudizando la espiral de contracción económica.

El efecto de la Patente Nacional, el aumento en la tasa corporativa, unido al aumento en la tarifa del agua y la energía, han tenido el efecto de crear unas condiciones adversas al sector productivo. El gobierno no parece entender que mediante esta política de alzas impositivas, solo perpetuará la depresión económica, aumentará la emigración y dificultará una recuperación en el corto plazo. La base contributiva lejos de expandirse se contrajo, haciendo cada vez más difícil lograr las metas de recaudos.

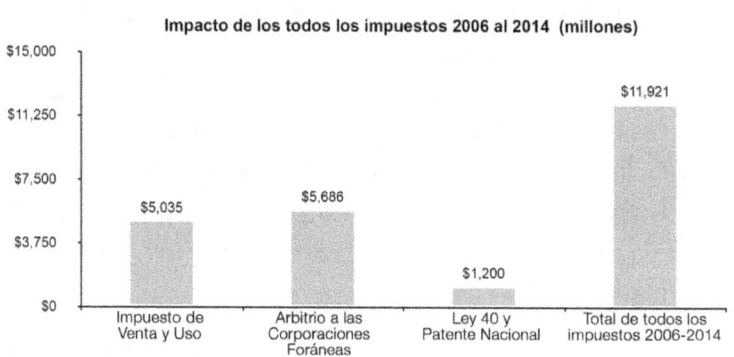

Fuente: Departamento de Hacienda

Durante la segunda mitad del 2013, la situación económica comenzó a complicarse aún más, en parte por los efectos de las medidas impositivas adoptadas por el nuevo presupuesto y por eventos externos inesperados. Entre julio y diciembre del 2013, el Índice de Actividad Económica (IAE) continuó su tendencia a la baja.

---

11 Inteligencia Económica Inc. preparó diversos reportes para organizaciones empresariales como MIDA y empresas privadas, que evidencian el efecto adverso de la Patente Nacional. Los propios resultados económicos y fiscales durante el AF 2013-14, validan el efecto negativo de las medidas impositivas implementadas.

El detonante de la agudización de la crisis, fue la súbita caída en los precios de los bonos de Puerto Rico y los efectos en cadena que dicho evento provocaron lo que hemos denominado "La crisis de los bonos". La situación económica y fiscal trascendió a nivel de Estados Unidos, principalmente en los círculos financieros, provocando una crisis sin precedente en la historia económica reciente del país.

Durante el 2014, la economía se mantuvo en contracción. A partir de la degradación crediticia, todos los esfuerzos gubernamentales se mantuvieron enfocados en asegurar los recaudos fiscales y mantener acceso a los mercados de capital. Las necesidades de financiamiento del gobierno comenzaron a ser satisfechas por los "Hedge Funds", que demandarían tasas de interés más altas y onerosas exigencias a cambio de prestarle dinero al gobierno.

CAPÍTULO 2

EVOLUCIÓN DE LA DEUDA PÚBLICA

Desde el inicio del proceso de industrialización, iniciado en la década del 1940, la emisión de deuda fue el vehículo que utilizó el gobierno para financiar el desarrollo de infraestructura y proyectos para apoyar el desarrollo económico. En diversas instancias, algunos gobiernos incluso recurrieron a emitir deuda pública para enfrentar situaciones económicas adversas, como fue el caso de la primera administración de Rafael Hernández Colón (1973-76)[12]. Durante ese período de tiempo, la deuda aumentó de $2,991 millones a $5,587 millones, el entonces gobernador, tuvo que recurrir a otras medidas drásticas y nuevos impuestos, para mitigar la crisis económica provocada por el embargo petrolero de la Organización de Países Exportadores de Petróleo (OPEP). Durante ese período, la economía tuvo un crecimiento anual promedio de un 1.4%.

Entre el 1977 y el 1984, bajo la incumbencia del Gobernador Carlos Romero Barceló, la deuda aumentó de $5,962 millones a $8,693 millones, dentro de lo que fue un período de cambios al modelo económico, incluyendo el

---

12 El análisis de la deuda por período de gobierno utilizó como fuente los Informes Económicos al Gobernador para los respectivos períodos. También se utilizó de referencia el libro La Economía Política de Puerto Rico: 1950 - 2000, del Dr. Eliezer Curet Cuevas.

comienzo de la Sección 936 en el 1976[13]. Excepto por la recesión del 1982-83, la economía tuvo un crecimiento significativo experimentando tasas de entre 3.9% y 5.4%, para el período de 1977 al 1979. El crecimiento económico en el 1984, fue de 3.8%, como parte del proceso de recuperación.

En la segunda administración de Rafael Hernández Colón, entre el 1985 y el 1992, la economía experimentó un proceso de crecimiento razonable, con tasas anuales de entre 3% y 4%, hasta llegar al período de 1991-92, cuando la economía creció por debajo de 1%. Durante ese período, la deuda aumentó de $8,837 millones a $13,822 millones. Este crecimiento se dio en un contexto de una expansión significativa de la base industrial, particularmente de empresas intensas en capital vinculadas al conglomerado farmacéutico.

Entre el 1993 al 2000, la deuda pública aumentó de $14,242 a $23,822 millones, en el contexto de un aumento en el desarrollo de proyectos de infraestructura financiados por el gobierno, como el Coliseo de Puerto Rico, el Tren Urbano, el Centro de Convenciones, entre otros. El costo combinado de estos tres proyectos fue de $2,968 millones[14].

Se inició también la privatización del sistema de salud del gobierno, que actualmente le cuesta al Fondo General sobre $800 millones anuales. La economía tuvo un crecimiento significativo que ocurre de forma paralela a la expansión de la economía de los Estados Unidos y el efecto directo de la fuerte inversión pública de los megaproyectos de infraestructura financiados con nueva deuda.

---

13 Como resultado de la crisis del 1973-76, el Gobierno Federal accede a enmendar la Sección 931 y convertirla en la Sección 936, que proveeyó nuevos mecanismos para maximizar la presencia de las empresas multinacionales en Puerto Rico.

14 Oficina de Gerencia y Presupuesto, Informe de Presupuesto para los períodos de 1994 - 2000.

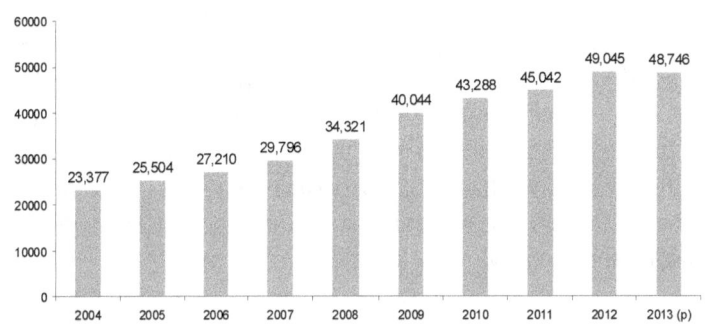

Deuda de las corporaciones públicas
(millones)

Fuente: *Apéndice Estadístico del Informe Económico al Gobernador, 2013*

EL COMIENZO DE LA CRISIS DE LA DEUDA

Entre el 2001 y el 2012, la deuda pública experimentó un crecimiento abismal, creciendo de $25,184 hasta $71,345 millones en el 2014. Esta expansión en la deuda pareció ser la respuesta de los gobiernos durante el período de transición provisto al derogarse la Sección 936, en el 1996. La administración Rosselló (1993-2000) expandió la deuda, la utilizó para obras de infraestructura y financiar su principal proyecto social "La Tarjeta de Salud". Sin embargo, esta expansión no tomó en cuenta la desaceleración económica que provocaría el fin de la Sección 936.

A partir de 1996, la economía comenzó a debilitarse, lo que provocó el inicio de la reducción de la base contributiva compuesta por las corporaciones de manufactura. La inversión de esas empresas comenzó a reducirse y para el 2001, comienza el cierre docenas de plantas manufactureras y el retiro de los depósitos que estas empresas tenían en el sistema bancario local. A partir de entonces, aumentó la dependencia en la emisión de deuda como un mecanismo para financiar gastos operacionales o los llamados déficits fiscales estructurales[15].

---

15 Un déficit fiscal estructural ocurre cuando de forma recurrente por un prolongado período de tiempo, los gastos exceden los ingresos del gobierno. En el caso de Puerto Rico el problema estructural de la economía ha provocado una deficiencia permanente en los ingresos del gobierno.

Por ejemplo, en el 2006, junto con el Impuesto de Venta y Uso (IVU) se crea la Corporación del Fondo de Interés Apremiante de Puerto Rico (COFINA) como un mecanismo para proveer una fuente de repago a la deuda extraconstitucional[16] y evitar una degradación crediticia. La deuda de COFINA, actualmente asciende a $15,223 millones, gran parte de la misma se ha utilizado para financiar los déficits fiscales resultantes de la contracción económica. Las corporaciones públicas también se endeudaron y fue muy poco lo que utilizó para financiar nueva obra pública.

Inversión interna bruta de capital fijo

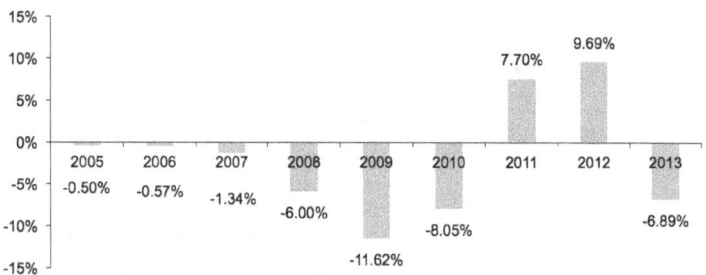

Fuente: *Informe Económico al Gobernador, 2013*

El debilitamiento o estancamiento que comenzó a experimentar la economía a partir del 2001, agudizó la dependencia en la emisión de deuda pública como mecanismo para estimular actividad económica y financiar los gastos operacionales. La caída en la inversión privada como proporción del Producto Nacional Bruto (PNB) contrasta con el aumento en la emisión de deuda pública como proporción de la producción agregada del país.

---

16 La deuda extraconstitucional era deuda en la que incurrió el gobierno por vía de préstamos y líneas de crédito otorgadas por el Banco Gubernamental de Fomento a agencias del gobierno central y que no tenía fuente definidas de repago. En el 2005 esta deuda ascendía a cerca de $7,000 millones.

Crecimiento en la Inversión real y la Deuda Pública

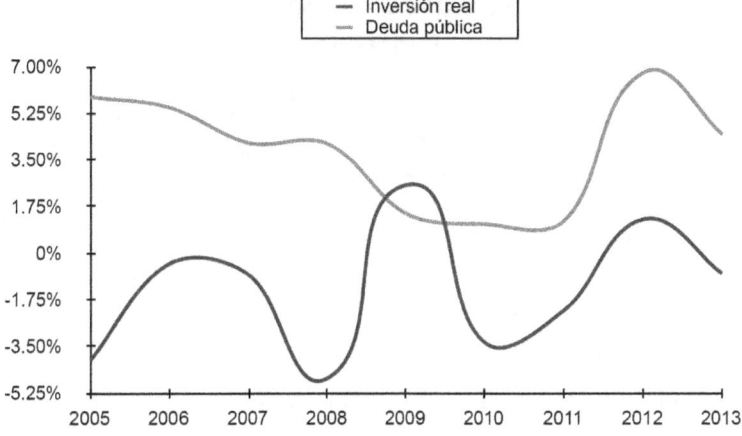

Fuente: *Apéndice Estadístico del Informe Económico al Gobernador, 2013*

Simultáneamente, la relación entre la deuda y el PNB se elevó de 55.9% en el 2001, a 96.5% en el 2013. Los gobiernos recientes se alejaron de los más básicos principios macroeconómicos y de prudencia fiscal, pavimentando la ruta a la actual encrucijada en la que se encuentra la isla. En primer lugar, se ignoró la caída económica y su efecto en la reducción en la base contributiva, que implicó una reducción en los ingresos fiscales, generando un desfase entre ingresos y gastos.

En segundo lugar, el gobierno central y las corporaciones públicas aumentaron su deuda durante el mismo período en que el crecimiento económico y los recaudos comenzaron a reducirse. Y para completar la "tormenta perfecta", el colapso de la economía aceleró la crisis fiscal que trató de ser contrarrestada con mayores impuestos a las empresas e individuos.

DESGLOSE DE LA DEUDA DE LAS PRINCIPALES CORPORACIONES (MILLONES)

Emisor o Agencia	Deuda emitida	Servicio o pago anual
Corporación del Fondo del Interés Apremiante (COFINA)	$15,223	$654
Gobierno Central (GO)	$13,383	$1,226
Autoridad de Energía Eléctrica (AEE)	$9,054	$617
Autoridad de Carreteras y Transportación (ACT)	$6,931	$348
Autoridad de Acueductos y Alcantarillados (AAA)	$4,815	$349
Autoridad de Edificios Públicos (AEP)	$4,319	$284
Sistema de Pensiones del Gobierno (POB)	$2,948	$167
Autoridad para el Financiamiento de la Infraestructura (AFI)	$1,939	$122
Corporación para el Financiamiento Público	$1,090	$86.7
Total	**$59,702**	**$3,853**

Fuente: Banco Gubernamental de Fomento

La tabla anterior provee un desglose del total de deuda emitida por las principales agencias y corporaciones públicas. El Gobierno de Puerto Rico tiene un total de quince emisores de deuda, sin embargo, el 90% de la deuda se concentra en nueve emisores. Se evidencia también que las principales corporaciones públicas, (AEE, AAA y ACT) poseen de forma combinada $20,800 millones en deuda, equivalente al 29.1% de la deuda pública. Mientras que el servicio combinado de estas tres corporaciones, asciende a $1,314 millones.

El Gobierno Central también ha experimentado un nivel de endeudamiento sin precedentes. El margen constitucional[17] que tiene el gobierno para contraer más deuda aumentó de 8.2% en el 2006 hasta cerca de 12% en el 2012. Preocupante es el hecho de que el servicio de la deuda constitucional del Estado Libre Asociado, aumentará de $1,365 millones en el 2015, a $1,949 millones en el 2016, para luego bajar a $1,668 millones en el 2017. En el 2028, el servicio nuevamente aumentará a $2,332 millones[18].

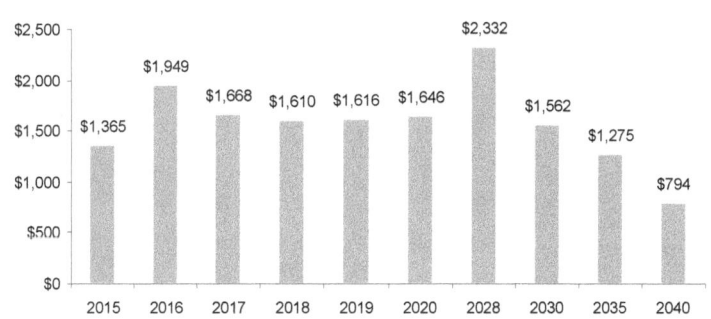

Servicio de la Deuda Constitucional del ELA (millones)

Fuente: Banco Gubernamental de Fomento

---

17 La Constitución del Estado Libre Asociado establece que el servicio de la deuda nunca podrá exceder el 15% del promedio de los ingresos al fondo general de los dos años fiscales anteriores.

18 "Informe Financiero y Operacional del Estado Libre Asociado", publicado por el Banco Gubernamental de Fomento en octubre del 2014.

El otro emisor que experimentará un dramático aumento en el servicio de la deuda es COFINA. De un pago anual de $654 millones para el 2020, este aumentará a $798.5 millones, para el 2030 el servicio anual de COFINA será de $1,182 millones. En el 2040, este pago será de $1,749 millones.

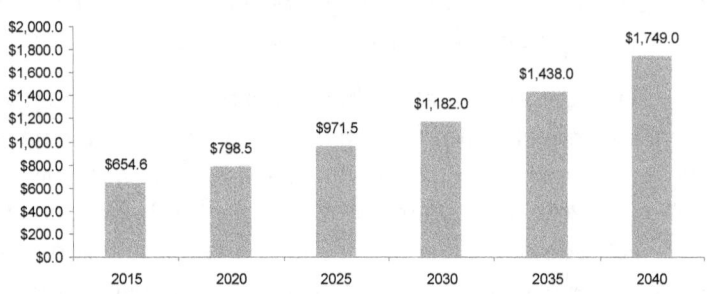

Servicio de la deuda de COFINA
(millones)

Fuente: Banco Gubernamental de Fomento

CAPÍTULO 3

LA CRISIS DE LOS BONOS

El 26 de agosto de 2013, Barron's, una revista especializada en temas financieros, publicó como su historia principal un artículo titulado "Puerto Rico: Troubling Winds Ahead". El artículo analizaba en profundidad la naturaleza de los problemas fiscales y económicos de la isla y el serio reto que representa para la isla su alto nivel de endeudamiento público. Barron's entraba en cada detalle de los diferentes problemas que enfrenta Puerto Rico, desde los déficits y el estancamiento productivo, la alta dependencia en las ayudas federales hasta los altos costos energéticos.

A pesar que el artículo hizo referencia a algunas de las medidas y reformas que implementaba el gobierno para atender la situación, la profundidad con la que se analizaban los principales problemas de Puerto Rico, detonaron el principio de lo que sería una secuela de artículos sobre la crisis financiera de la isla. A raíz de ese artículo, se desató un pánico jamás antes visto en a comunidad financiera. La percepción en torno a la isla se empeoraba ante el hecho de que dos meses antes, la ciudad de Detroit, había radicado quiebra bajo el capítulo 9, infligiendo un duro golpe al mercado de bonos municipales.

La ciudad de Detroit había acumulado una deuda de $20,000 millones, incluyendo $9,000 millones por concepto de su plan de pensiones. Ante el hecho de que Puerto Rico y Detroit, guardan muchas similitudes, las comparaciones entre los dos casos llevaron a especular sobre la posibilidad real del colapso fiscal de la isla. En el caso de Puerto Rico, para entonces la deuda ascendía a $71,345 millones y los problemas estructurales de la economía local, son muy similares a los de Detroit. Los efectos del fin de la Sección 936, el eventual estancamiento económico, el endeudamiento público, la emigración de profesionales y la continua reducción de la base contributiva, representan una situación única y sin precedentes.

Ante la similitud entre ambas jurisdicciones, los analistas financieros y la prensa de negocios en Estados Unidos, comenzaron a sospechar que Puerto Rico sería el próximo Detroit, lo que desató una venta masiva de los bonos del gobierno y sus diferentes emisores de deuda. Por las ventajas contributivas de los bonos emitidos localmente y sus altos rendimientos, una gran cantidad de Fondos de Inversión del mercado municipal, tenían en sus carteras bonos de Puerto Rico. Después de California y Nueva York, la isla es el tercer emisor más grande de deuda en el mercado de bonos municipales, con cerca de $50,000 millones. Desde esta perspectiva, un potencial colapso fiscal o impago masivo del pago de la deuda tendría el efecto de generar un problema sistémico a través de todo el mercado municipal de Estados Unidos. El inicio de la venta masiva de bonos, provocó grandes caídas en los precios de esos instrumentos y de los fondos mutuos cerrados que tenían mayoritariamente bonos del gobierno[19].

El efecto dentro del mercado local, fue una gran caída en los valores de las carteras de inversión de miles de ciudadanos y empresas, que tenían grandes inversiones en los bonos del ELA o sus corporaciones. Según la Oficina del Comisionado de Instituciones Financieras, entre julio de 2012 y noviembre de 2013, los fondos mutuos vieron una merma de $5,380 millones, cifra que es mayor de lo que han pagado en dividendos

---

19 El fondo mutuo cerrado define desde el principio, el número de acciones que va a emitir a los inversores. Una vez que se han vendido todas las acciones, un inversor que quiera invertir en un fondo cerrado sólo podrá hacerlo si compra acciones a otro inversor.

totales desde el 1994. Para el mencionado período de tiempo, el valor de los activos de las compañías de inversión en la isla, se redujo de $15,378 millones a $9,999 millones[20].

En un lapso de semanas, miles de inversionistas locales vieron perder hasta un 40% del valor de sus inversiones, debido a la desvalorización causada por la venta masiva de los bonos de Puerto Rico en el mercado de Estados Unidos. Entre agosto y septiembre de 2013, la caída en el valor de los activos de las empresas de inversión fue de -16.56%, y de -6.84% respectivamente.

En algunos casos, esta pérdida fue mayor debido a que algunos inversionistas habían tomado prestado utilizando de colateral las mismas inversiones, lo que provocó lo que se conoce en el mundo financiero como un "margin call", que no es otra cosa, que el requerimiento de cubrir la reducción en el valor de la colateral (cuenta de inversiones) con dinero en efectivo. Muchos ciudadanos perdieron gran parte del principal de su inversión al no poder cubrir el margen, lo que agravó la situación para un sector de la comunidad inversora local. De igual forma, bancos, cooperativas, corporaciones y hasta organizaciones sin fines de lucro, han experimentado grandes pérdidas por la reducción en el valor de los bonos de Puerto Rico[21].

El caso más visible sobre los efectos de la crisis, fue el del excampeón mundial de boxeo Félix "Tito" Trinidad, que perdió gran parte de su fortuna, la cual estaba concentrada casi toda en bonos del gobierno[22]. Al igual que Trinidad, fueron muchos los puertorriqueños que por mucho tiempo confiaron en los atractivos dividendos que pagaban los bonos y los fondos mutuos manejados por las compañías de corretaje.

Estos instrumentos pagan un rendimiento de hasta un 6%, con un tratamiento contributivo preferencial. Por ejemplo, si

---

20 Oficina del Comisionado de Instituciones Financieras

21 Según la Corporación para la Supervisión y Seguro de las Cooperativas (COSSEC) las cooperativas tienen $1,400 millones en bonos del gobierno, lo que representa cerca de un 17% del valor de sus activos.

22 "En la ruina Tito Trinidad", El Vocero, Abril 10 de 2014.

una persona invertía $1,000,000 recibiría anualmente $60,000, o equivalente a $5,000 mensuales. Este modelo de generar ingreso pasivo, motivó a miles de puertorriqueños a colocar su capital, ahorros y fortunas, en el mercado de fondos mutuos y bonos de Puerto Rico.

Con el colapso de estos instrumentos financieros, la eventual degradación crediticia, es mucho el capital y la riqueza local que se han evaporado, justo en el momento que más la economía necesita de nueva inversión para salir del actual estancamiento. Previo a la crisis de los bonos, entre el 2008 y el 2009, el país había visto el colapso en el valor de las acciones de los bancos, que generó pérdidas de miles de millones de dólares a ciudadanos y empresas que habían invertido en acciones de las instituciones bancarias[23].

Paralelo con esta caída, el sector de bienes raíces, también había sufrido una "corrección" que ajustó la burbuja inmobiliaria, con pérdidas millonarias. Así las cosas, entre el 2006 y el 2013, las tres fuentes principales de acumulación de riqueza del país, se desmoronaban como un castillo de naipes, provocando efectos directos e indirectos en el resto de la economía.

La crisis de los bonos, parecía ser el último golpe a la alicaída economía local. Entre septiembre y diciembre de 2013, la caída en los valores de los bonos creó un ambiente de mucha tensión y de ansiedad en el país. La expectativa de una degradación crediticia por parte de las casas acreditado-ras, se unió a los otros problemas económicos y fiscales que ya enfrentaba Puerto Rico. La abrupta caída en el precio de los bonos, en algunos bonos hasta 40%, comenzó a generar especulaciones de que el crédito del ELA sería degradado a "chatarra" por las agencias calificadoras. Mientras se intensifi-caba la discusión pública sobre la crisis de los bonos, diversos fondos de capital de alto riesgo de Estados Unidos, compraban

---

23 El auge de la industria de la construcción provocó un aumento significativo en el financiamiento de proyectos de construcción por parte de la banca privada. La crisis del sector inmobiliario provocó una gran crisis en el sector bancario que culminó con la consolidación bancaria de abril de 2010.

en el mercado secundario, grandes cantidades de estos instrumentos a descuento, es decir, a precios muy por debajo de su valor par. Al comprar a descuento, le permitía obtener rendimientos reales de hasta 14% (beneficiándose de la triple exención contributiva).

LOS TRES BOLSILLOS PARA ACUMULAR CAPITAL

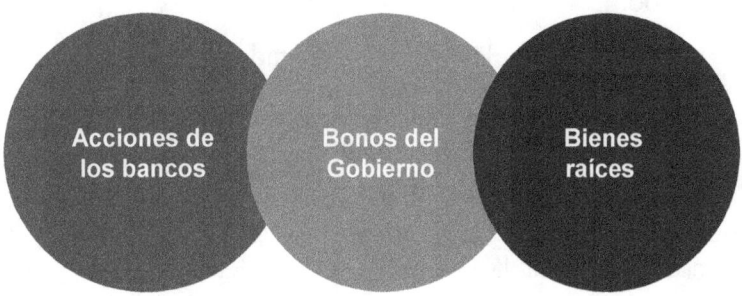

La crisis de los bonos representaba una oportunidad única para ciertos sectores de la comunidad financiera, particularmente en los Estados Unidos, que comenzaron a realizar millonarias inversiones especulativas con los bonos de Puerto Rico, comprando estos instrumentos a los precios descontados debido a la crisis. La apuesta o racional financiero detrás de esta estrategia de comprar los bonos a descuento, es que a pesar de la crisis fiscal, el gobierno no incumpliría con el pago de sus obligaciones, es decir que no ocurriría un impago. Diversos grupos y fondos especulativos han llegado a nuestra isla a comprar a descuento los bonos, bienes raíces, portfolios de préstamos de la banca, hoteles y todo tipo de activo. Desde el colapso financiero en el 2010, Puerto Rico se ha convertido en una especie de mercado altamente atractivo para los inversionistas del norte.

LA RESPUESTA GUBERNAMENTAL

En medio de la "tormenta" provocada por la volatilidad de los precios de los bonos de Puerto Rico y la posibilidad de que el gobierno perdiera acceso al mercado de bonos, en octubre el Gobernador firmó la Ley 91 de 2013, para expandir la capacidad prestataria de COFINA. Con esta enmienda, se aumentó de 2.7% a 3.5%, el por ciento del IVU destinado a COFINA y que le hubiera permitido al gobierno emitir hasta $2,000 millones a tasas de interés más módicas que una emisión de bonos de Obligación General del Estado Libre Asociado.

Nuevamente, las casas acreditadoras comenzaron a exigir al gobierno medidas contundentes para corregir los problemas. Por ejemplo, planteaban que se llevara a cabo la reforma del Sistema de Retiro de los Maestros, que enfrentaba un déficit actuarial de de $10,345 millones[24], así como demostrar la capacidad para lograr acceso al mercado de bonos y reactivar la economía. Las exigencias de las casas acreditadoras, parecían ser una especie de ultimátum al país, de que degradarían el crédito a "chatarra" si no se atendían sus reclamos.

En plena temporada navideña, el equipo fiscal del gobierno articulaba un plan para evitar la degradación crediticia. La medida más controversial fue la legislación para reformar el Sistema de Retiro del magisterio, con el fin de evitar su posible insolvencia antes del 2019.

Temprano en el 2014, los gremios magisteriales impugnaron la constitucionalidad de la controversial reforma ante el Tribunal Supremo, quien declaró parte de la Ley inconstitucional[25]. La administración aprobó otras medidas como la creación de la Corporación para el Financiamiento Municipal (COFIM) con el fin de refinanciar cerca de $600 millones en préstamos que tienen los gobiernos municipales con el Banco Gubernamental de Fomento (BGF). Además se aprobó una ley que prohibía al BGF proveer financiamientos a las agencias o corporaciones públicas, sin que existiera una fuente

---

24 Informe actuarial del Sistema de Retiro de Maestros, 2013.
25 El 11 de abril de 2014, el Tribunal Supremo de Puerto Rico declaró inconstitucional partes de la Ley 160 de 2013, que habilitó la Reforma del Sistema de Pensiones de los Maestros.

de repago. Otra iniciativa dentro de la evidente situación de emergencia fiscal, fue la solicitud del BGF, a que las agencias gubernamentales relocalizaran en esta institución los depósitos que tenían en la banca comercial, que ascendían a aproximadamente $2,000 millones.

Todas estas medidas eran parte de una estrategia de mantener la liquidez y estabilidad del BGF, cumpliendo con las exigencias de las casas calificadoras. En el 2014, el gobierno comenzaba a actuar a toda prisa por acceder al mercado de bonos y poder levantar recursos necesarios para cumplir con múltiples obligaciones financieras de corto plazo. Pese a las medidas adoptadas durante los últimos días del 2013, los analistas se mantenían algo escépticos con Puerto Rico y la compleja situación asumía una dimensión insospechada. Todo parecía indicar que a pesar de los esfuerzos de la administración García Padilla, la suerte estaba echada y que la degradación crediticia era inminente.

CAPÍTULO 4

EL DÍA QUE PUERTO RICO SE VOLVIÓ "CHATARRA"

Las especulaciones sobre el futuro del crédito de la isla llegaron a su final el 4 de febrero de 2014, cuando Standard and Poor's emitió un informe declarando que degradaba a la categoría de rango especulativo o "chatarra", el crédito del Gobierno Central del ELA, el Banco Gubernamental de Fomento y otros emisores de deuda, como los bonos del sistema de retiro. Puerto Rico es el tercer emisor más grande de deuda en el mercado municipal y se convirtió en la primera jurisdicción con el crédito en categoría "chatarra".

En febrero 7 de 2014 Moody's haría lo propio al degradar no solo el crédito del ELA y del BGF, sino a la Autoridad de Energía Eléctrica (AEE), la Autoridad de Carreteras y Transportación (ACT), la Autoridad de Edificios Públicos y los bonos del sistema de pensiones (POB). Mientras que el 11 de febrero, Fitch se unió a las dos primeras firmas, al degradar del mismo modo (a "chatarra") a los principales emisores de deuda pública. En un lapso de menos de dos semanas, un 70% de toda la deuda del gobierno de Puerto Rico y sus instrumentalidades pasó a ser clasificada como "chatarra". Súbitamente, la isla se convertía en el centro de atención de la prensa de negocios de Estados Unidos y de otros medios internacionales, que comenzaron a analizar y difundir la gravedad de la situación fiscal y económica de la isla. Ante el desconocimiento de la naturaleza política económica y jurídica de Puerto Rico, algunos medios en sus análisis compararon la situación local a la situación de Detroit, algunos fueron tan lejos como Grecia.

La realidad, es que el caso de Puerto Rico no tiene comparación. Por un lado, a pesar de la monumental deuda y economía en pleno estancamiento, el Estado Libre Asociado no puede radicar quiebra, como lo hizo la ciudad de Detroit. Por otro lado, a pesar de ser un territorio no incorporado de los Estados Unidos, la posibilidad de un rescate financiero, como hizo la Unión Europea (EU) con Grecia, no es una posibilidad, al menos en el corto plazo.

La degradación crediticia plantea una situación jamás antes experimentada mientras que a la misma vez, el gobierno cuenta con muy pocos instrumentos para manejar la actual crisis.

Desde mi perspectiva, la degradación crediticia a "chatarra" marcó el fin de una era de irresponsabilidad fiscal y de malos manejos financieros por parte de las diversas administraciones, de los dos partidos principales que se han alternado en el poder en las últimas cuatro décadas. Aunque la actual crisis se comenzó a cocinar mucho antes, el debilitamiento o estancamiento que comenzó a experimentar la economía a partir del 2001, agudizó la dependencia en la emisión de deuda pública como mecanismo para estimular actividad económica y financiar los gastos operacionales.

Se ignoró la caída económica y sus efectos en la reducción en la base contributiva, que implicó una reducción en los ingresos fiscales, generando el déficit estructural. En segundo lugar, el gobierno central y las corporaciones públicas aumentaron su nivel de deuda durante el mismo período en que el crecimiento económico y los recaudos comenzaron a reducirse. Para completar la tormenta perfecta, el colapso del modelo productivo aceleró la crisis fiscal que trató de ser contrarrestada con mayores impuestos a las empresas e individuos.

En síntesis, la degradación a "chatarra" es el resultado de un gobierno que se endeudó más allá de su capacidad productiva y de la incapacidad de la clase política de articular un nuevo proyecto de desarrollo económico que tomara en cuenta la nueva realidad económica internacional.

LOS EFECTOS ECONÓMICOS SOBRE EL CIUDADANO

La degradación a "chatarra" ya tiene efectos negativos y representa un obstáculo adicional en el proceso de recuperación económica de Puerto Rico. En primer lugar, la degradación representa una pérdida de riqueza por parte de los inversionistas locales que han colocado miles de millones de dólares en esos instrumentos financieros. En la medida en que los precios de esos bonos pierdan valor, mayor es el efecto de descapitalización y la pérdida de riqueza. Por ejemplo, si un ciudadano tiene invertido un millón de dólares en un bono del ELA, como resultado de la degradación, el precio de ese bono pierde 30%, ese inversionista ha perdido $300,000 del valor original de su bono, si fuera a venderlo antes del vencimiento.

Técnicamente mientras el bonista no venda el instrumento en el mercado secundario, no se realiza la pérdida. De igual manera, mientras no haya una situación de impago, el bonista deberá seguir recibiendo el pago de intereses hasta la madurez o vencimiento del instrumento. Sin embargo, los $20,000 millones que aproximadamente han invertido ciudadanos, empresas, planes de pensiones, cooperativas, bancos, aseguradoras, entre otras entidades, es una cantidad significativa de riqueza, que actualmente se encuentra bajo la categoría "chatarra". Asumiendo una pérdida de valor acumulada de 30% de la inversión agregada de $20,000, el valor actual de esa riqueza es de $14,000 millones, o sea una pérdida de $6,000 millones.

A raíz de la degradación de los bonos, los puertorriqueños se han vuelto más pobres lo que representa el 8.5% del

Producto Nacional Bruto para el 2013 ($70,413 millones). A nuestro juicio, desde el punto de vista macroeconómico, esta pérdida es significativa y tendrá un efecto multiplicador sobre el resto de la economía y retrasará el proceso de recuperación.

El último tarjetazo

Luego de la degradación, los esfuerzos del gobierno se enfocaron en poder salir al mercado de bonos para colocar una emisión de $3,500 millones. El gobierno buscaba evitar un problema de liquidez que precipitara un impago o una interrupción de las operaciones gubernamentales. El BGF enfrentaba serias presiones para atender el pago de varios compromisos financieros y era necesario inyectarle liquidez para poder mantenerlo solvente, evitando un impago o la interrupción de las operaciones gubernamentales.

Finalmente, la emisión pudo ser vendida a una tasa de interés de 8.7%. Se presagiaba que por las condiciones del mercado y la mala publicidad que había recibido Puerto Rico en los mercados, la tasa de interés pudo haber sido de hasta 10%[26].

Esta emisión tuvo varias implicaciones. En primer lugar, casi agotó el margen prestatario del ELA, según lo establece la propia constitución lo que imposibilitará nuevas emisiones en el futuro. Según los oficiales del BGF, aún hay espacio para emitir hasta $900 millones más. En segundo lugar, el nuevo préstamo aliviará la situación fiscal por un período máximo de 18 meses, pero muy poco se ha dicho, que ocurrirá una vez haya transcurrido ese período de tiempo. En tercer lugar, al realizar la emisión se validó la política errónea de seguir emitiendo deuda, aún a costos excesivamente altos, que impondrán una presión adicional al propio gobierno.

---

26 El 11 de marzo de 2014, el gobierno de Puerto Rico pudo vender los bonos con un vencimiento al 2035.

Aún luego de la degradación crediticia, el enfoque hacia el problema económico continuó mirándose desde la óptica financiera. Todas las propuestas, incluyendo la emisión de bonos, continúan enmarcadas en resolver la situación fiscal. Aún persiste un enfoque unidimensional al problema y la ausencia de estrategias que atiendan los fundamentos productivos de la economía. Desde esta perspectiva, la situación actual de Puerto Rico, se parece un poco al debate que hubo en el 2008 en los Estados Unidos, luego del colapso de los mercados financieros, que provocó un rescate de miles de millones de dólares para evitar una segunda Gran Depresión Económica como la que ocurrió en el 1929.

En aquél momento, el debate era si se utilizaban millones de dólares de los contribuyentes para salvar a "Wall Street" (sector financiero) o al "Main Street", es decir a la economía del ciudadano promedio. La crítica era que mientras se utilizaba dinero público para salvar a los bancos, las aseguradoras y las automotrices, había millones de norteamericanos perdiendo sus casas, sus empresas y sus empleos.

Me parece que actualmente en Puerto Rico estamos en un debate muy similar. Percibo que casi toda la energía gubernamental continuará enfocada en salvar al propio gobierno, a los bonistas, a los acreedores del gobierno y al sector financiero, sin prestar atención a los fundamentos productivos de la economía. De hecho, desde el 2006 hasta el presente, todas las medidas impositivas han estado orientadas en esa dirección. Percibo una obstinación en la estrategia gubernamental, de que aumentando la carga impositiva a los sectores productivos y a los trabajadores, el país alcanzará su recuperación económica.

Hay que comenzar a rescatar la economía real. Desde inicios del 2014, son más las empresas locales que atraviesan serios problemas económicos provocados por la agudización de la crisis y por las nuevas medidas impositivas. Al mirar el tema fiscal desde una perspectiva estática, se ignora que cada medida impositiva tiene efectos en el resto del sistema

43

económico. La continua caída en la inversión, la producción y el empleo, es el resultado de las medidas adoptadas desde el comienzo de la crisis y las estrategias subsiguientes.

Las estrategias del gobierno parecen ignorar o no entender que la economía se encuentra en lo que se conoce en inglés como un "downward spiral", o una constante caída en espiral, que se agudiza ante la ausencia de estímulos productivos.

CAPÍTULO 5

LECCIONES DE OTRAS JURISDICCIONES

Puerto Rico no es el único país o jurisdicción que ha tenido que enfrentar problemas financieros y económicos. En tiempos recientes, varios países y ciudades han experimentado situaciones iguales o peores a la que enfrenta la isla actualmente. Nos parece que es importante analizar la experiencia y las estrategias que han implementado otros lugares para superar sus respectivos problemas económicos. Obviamente, cada experiencia responde a circunstancias muy particulares, y bajo ninguna circunstancia, sugiero copiar exactamente lo que han hecho estos países y jurisdicciones para salir de sus situaciones de adversidad. Claramente, el caso de Puerto Rico es único, por la naturaleza propia de la estructura económica de la isla, por su relación política con los Estados Unidos, y por la magnitud de la propia crisis. Desde esta perspectiva, al examinar la experiencia de otras naciones y jurisdicciones, podemos aprender de las cosas que han funcionado y adaptarlas a nuestra propia realidad.

DETROIT (2013 - 2014)

Como mencionáramos anteriormente, la ciudad de Detroit guarda muchas similitudes con la situación de Puerto Rico. La cuna de la industria automotriz de los Estados Unidos y símbolo del poderío industrial, comenzó un proceso de caída durante la década del 1960, tras los intensos disturbios raciales ocurridos en el 1967. Más adelante, el auge y ascenso de Japón y Alemania como nuevas potencias en la industria automotriz, comenzaron a opacar a Detroit. La ciudad, que durante la década del 1950, llegó a tener 1.8 millones de habitantes, con el ingreso per cápita más alto de todos los Estados Unidos, entró gradualmente en una crisis económica y fiscal de grandes proporciones. En el 2013, al momento de declarar la emergencia fiscal, la población ascendía a 700,000 personas[27].

El declive económico e industrial de Detroit tras las tensiones raciales durante finales de la década del 1960, causó una emigración de profesionales de la ciudad, provocando la contracción de su base contributiva. Los ingresos por concepto sobre la propiedad inmueble se redujeron al punto de que solo el 53% de la población pagaba impuesto por sus residencias. La tasa de desempleo llegó a 18%, más del doble de la nación, además sobre 80,000 edificios se encontraban vacíos y una tercera parte de su población viviendo bajo el nivel de pobreza. La ciudad se convirtió en unas de las más peligrosas de todos los Estados Unidos.

En julio del 2013, la situación de la ciudad llegó a niveles insostenibles y el Gobernador del estado de Michigan, Rick Snyder, decidió declarar la insolvencia de la mayor ciudad del estado. El Gobernador designó a Kevyn Orr, como una especie de síndico de Detroit, con amplios poderes para gobernar la ciudad[28]. Con una deuda de $18,500 millones, la ciudad comenzó a reorganizar sus finanzas bajo el Capítulo 9 del Código Federal, convirtiéndose en la mayor quiebra de la historia del mercado municipal de bonos. En diciembre de 2013, el Juez Federal de la Corte de Quiebras, Steven Rhodes, autorizó formalmente la solicitud de quiebra de la ciudad. En noviembre 7, el mismo juez aceptó el plan de reorganización

27 "Detroit's Bankruptcy Follows Decades of Decay", CBS Detroit, July 19, 2013.

28 "In largest-ever U.S. city bankruptcy, cuts coming for Detroit creditors, retirees", Reuters, December 10, 2013.

presentado por el síndico, declarando el fin del estado de emergencia fiscal.

Al momento de declarar su emergencia fiscal, Detroit experimentaba un déficit de $330 millones, cerca del 40% de sus ingresos se destinaban a pagar intereses de su deuda. El plan de reorganización de las finanzas de la ciudad, creó un marco legal para negociar con cerca de 100,000 acreedores y permitió reducir la deuda en $7,000 millones, en un plan de largo plazo.

El plan implementado en Detroit, incluyó reducción en el nivel de gasto público, recortes en los beneficios de las pensiones, el restablecimiento del pago de intereses a los acreedores y algunas inversiones para mejorar la infraestructura de la ciudad. Previo a la crisis, una tercera parte de los ingresos de la ciudad iban dirigidos al pago de las pensiones de los empleados públicos. Desde el 1937 al presente, en los Estados Unidos se han radicado 600 solicitudes de quiebra bajo el capítulo 9[29].

GRECIA (2008 - 2010)

La crisis fiscal de Grecia tuvo su origen irónicamente en el inicio de la crisis financiera de Estados Unidos en el 2008, con el colapso de Lehman Brothers, al dispararse los costos de financiamiento de la deuda. A esto hay que añadirle, la falta de transparencia de los gobiernos más recientes de ese país. Con una población de 11.3 millones, esta nación tiene una deuda soberana de 340,000 millones de euros, equivalente a más de 30,000 euros per cápita. La deuda soberana de Grecia ascendió a 150% de su producción nacional y su déficit fiscal llegó hasta 12.3% del Producto Interno Bruto (PIB).

En 2 de mayo de 2010, para evitar una crisis financiera y una reacción en cadena en toda la Eurozona, la Unión Europea (UE) proveyó un rescate valorado en 110,000 millones de euros, de los cuáles 80,000 millones provinieron de la propia UE y

---

29 "The scandal of the Alabama poor cut off from water". BBC News, W. Brian December 14, 2011

30,000 millones del Fondo Monetario Internacional (FMI). Parte del acuerdo para salvar a Grecia del colapso o un impago a sus acreedores, en su gran mayoría bancos europeos, fue condonarle un 50% del total de su deuda, a cambio de un profundo plan de austeridad que implicó una reducción en el nivel de gasto público, la reducción en las pensiones y otros beneficios sociales. El acuerdo de Grecia con la UE y el FMI, incluyó también un plan de privatizaciones y la implementación de reformas estructurales para devolverle la competitividad a la economía[30].

Un segundo rescate fue aprobado por la UE el 21 de febrero de 2012, que permitió otro préstamo de 100,000 millones de euros, incluyendo la flexibilización en las tasas de interés y el cambio de bonos para sustituir la deuda vieja por deuda nueva en mejores términos. Esta reestructuración implicó pérdidas considerables para los acreedores, pero fue esencial para evitar el colapso total de la economía griega o su posible salida de la UE. Los estados miembros de la UE, sabiendo las graves consecuencias políticas y económicas que tendría una posible ruptura con Grecia, buscaron todas las medidas posibles para rescatar al estado helénico[31]. En la actualidad, todavía Grecia no se recupera totalmente, y las medidas impuestas por le UE y el FMI, provocaron un cambio político que llevaron al poder a Syriza, una coalición política de izquierda, que prometió al electorado alterar la política de austeridad de los gobiernos anteriores. Alexis Tsipras[32], el nuevo Primer Ministro de Grecia, intenta renegociar los acuerdos con la UE y la FMI, para mitigar el impacto social y económico sobre la población griega que han tenido estas medidas.

ARGENTINA (2001)

En el 2001, Argentina enfrentó una grave crisis fiscal que provocó que renunciara el presidente Fernando de la Rúa, el 20

---

30 "The Economic Adjustment Program for Greece", European Commission, December 2010.

31 "Greece unveils austerity program to cut deficit", BBC News, February 2011.

32 El nuevo gobierno de Tsipras asumió el poder el 26 de enero de 2015.

de diciembre de dicho año. La crisis fue de tal magnitud, que el país tuvo varios presidentes entre el 2001 y principios del año 2002 y la nación incumplió con el pago de su deuda externa. La crisis argentina tuvo su origen en las políticas macroeconómicas instauradas por el Presidente Carlos Menem (1989 - 1999). La política de fijar el valor del peso argentino al mismo valor del dólar norteamericano, (una especie de cambio fijo), provocó un aumento dramático en las importaciones y una salida de dólares. Esto aceleró el desmantelamiento del aparato industrial, un aumento en el desempleo, a la vez que seguía en aumento el gasto público. El país se comenzó a endeudar, tomando prestado para pagar la deuda, creando una especie de espiral de endeudamiento ascendente.

Ante la percepción de que Argentina incumpliría con su deuda, comenzó una fuga de capital, que fue el detonante de la crisis, junto con una corrida bancaria. El estadillo social, provocado por el llamado "corralito" o congelamiento de los ahorros de los ciudadanos, creó unas condiciones de total ingobernabilidad. En medio del caos político y social, Argentina se declaró insolvente y anunció que suspendería el pago de su deuda externa[33]. Para lidiar con la crisis en el 2002, se eliminó el régimen de convertibilidad monetaria y los balances bancarios se convirtieron a pesos argentinos, provocando una masiva devaluación, lo que resulto más adelante en un aumento en la inflación así como en un incremento en el nivel de desempleo[34].

La salida de la crisis comenzó con la llegada de Néstor Kirchner al poder en el 2003, quien comenzó a reestructurar la deuda externa. Al peso ser devaluado, mejoraron las exportaciones del país, lo cual impulsó el fortalecimiento del aparato productivo argentino, particularmente del sector agrícola. La receta para salir de la crisis, incluyó un plan para mejorar la recaudación de impuestos y una reorganización del gasto público. Esencialmente, la política económica se

---

33 "Argentina's collapse: A decline without parallel", The Economist, February 28, 2002

34 "Chronology of Argentina's turbulent history of economic crises", Reuters, July 20, 2014.

centró en una reactivación agresiva del modelo productivo del país, el control de gastos y la sustitución de importaciones. El gobierno de Kirchner pudo sacar a la economía del colapso y reencaminar al país por la ruta del crecimiento y la estabilidad macroeconómica.

WASHINGTON, DISTRITO DE COLUMBIA (1995 - 2001)

A mediados de la década del 1990, las administraciones de la ciudad de Marrion Barry (1978 - 1990) y Sharon Pratt Kelly, crearon un serio problema fiscal que provocó la intervención del Congreso Federal. Invocando el Artículo 1, Sección 8 de la Constitución, el Congreso liderado por el Partido Republicano, creó mediante legislación, el "District of Columbia Financial Control Board"[35]. Esta entidad integrada por cinco miembros, administró las finanzas de la capital federal entre el 1995 y el 2001, cesó sus funciones luego de la que ciudad alcanzó cuatro superávits consecutivos[36]. Al momento de entrar en vigor la junta de control financiero, la ciudad enfrentaba un déficit de $722 millones de un presupuesto consolidado de $3.2 billones, corría el riesgo de la insolvencia y un posible impago en sus obligaciones financieras. La Junta de Control Financiero asumió control total de las finanzas de la ciudad con los poderes provistos por la legislación federal que la creó y respondía al Congreso. La Junta tenía la responsabilidad de planificar las finanzas de la ciudad, tomar dinero prestado del Departamento del Tesoro Federal, contratar o despedir personal, y tenía la misión de lograr un presupuesto balanceado para la ciudad.

NUEVA YORK (1975)

En el 1975, la ciudad de Nueva York enfrentó su peor crisis fiscal que casi provoca un impago de sus deudas y la

---

35 "Congress Create Board to oversee Washington, D.C", NY Times, April 8, 1995
36 "The Fiscal Crisis of the States: Lessons for the Future", edited by Steven D. Gold, 1994.

quiebra total. Por aquellos tiempos, la ciudad tenía deudas de $14 billones de los cuáles $6 billones, eran deuda de corto plazo, la ciudad operaba con un déficit de $600 millones[37]. La crisis fiscal de Nueva York tuvo su origen en varios factores, entre los cuáles se destacan, el alto nivel de gasto público, la caída en el nivel de ingresos, la utilización de deuda para pagar gastos operacionales y la insuficiente cobertura del sistema de pensiones de los empleados de la ciudad. Mientras las circunstancias y el mercado se lo permitieron, la ciudad continuó endeudándose para financiar sus gastos, hasta que los bancos y principales acreedores comenzaron a entender la gravedad de la crisis fiscal. En abril de 1975, el mercado de bonos se cerró totalmente, lo que provocó que el ayuntamiento literalmente no tuviera dinero para cumplir con sus gastos operacionales. La petición de ayuda por parte del alcalde de la ciudad y del gobernador del estado al Presidente Gerald Ford, no tuvo éxito, el propio Ford expresó que la ciudad tenía que salvarse sola.

Con apoyo del estado de Nueva York, se creó la Municipal Assistance Corporation (MAC)[38], como una corporación separada a la ciudad que podía emitir bonos respaldados por los impuestos del consumo (una especie de COFINA). Además, del MAC, el estado proveyó fondos para estabilizar las finanzas de la ciudad y mantenerla funcionando. Paralelo al MAC, el estado creó el "Emergency Financial Control Board" (EFCB) como un mecanismo para asumir más control de la operación fiscal de la ciudad. Se inició un plan de austeridad que implicó reducción en el gasto público, despido de empleados y el cobro de servicios públicos, como la universidad. A pesar de las medidas, el mercado de bonos continuó cerrado para la ciudad lo que provocó que en noviembre de 1975, el Congreso Federal, temeroso de que una quiebra tuviera repercusiones negativas para los bancos, autorizó un paquete de ayuda para la ciudad de $2.3 billones.

---

37 "Overview of New York City's Fiscal Crisis", Dunstan R. California Research Bureau, California State Library, March 1, 1995.

38 "Recalling New York at the Brink of Bankruptcy", New York Times, December 5, 2002.

CAPÍTULO 6

LA REESTRUCTURACIÓN DE LA DEUDA

El común denominador de los países que han tenido problemas financieros y desequilibrios macroeconómicos, provocados por su deuda soberana, ha sido la reestructuración de su deuda. En el capítulo anterior, exploramos el caso de otras jurisdicciones que tomaron medidas extraordinarias para atender sus problemas incluyendo, la reestructuración de su deuda. La situación llegó a niveles tan críticos que puso en juego la estabilidad política y social, además que hasta cierto punto la viabilidad económica de esas naciones. La crisis provocó cambios políticos y surgimiento de coaliciones de partidos políticos y de ciudadanos que permitieron encausar una nueva forma de gobierno y nuevas políticas fiscales.

A nuestro juicio, la situación imperante en la isla ya llegó un punto crítico, donde lo que está en juego es la propia viabilidad socioeconómica del país. A pesar de los peligros inminentes, provocados por la actual realidad macroeconómica y fiscal, los dos partidos principales, parecen ignorar la complejidad del problema. Luego de casi una década de dificultades económicas y de erradas estrategias fiscales, los esfuerzos para mantener el gobierno operando y cumplir con las obligaciones financieras han tenido un fuerte impacto en la economía. Desde el 2006 al 2014, las nuevas medidas impositivas han tenido un impacto de sobre $11,000 millones en nuevos ingresos para el gobierno, aún así, persiste un déficit fiscal de $1,000 millones, y la economía está próxima a cumplir una década en depresión en el 2016.

Claramente, las medidas fiscales sólo han agravado el problema económico y financiero. Con la degradación crediticia y el encarecimiento de los términos de financiamiento, la pérdida de la población más productiva, una economía en caída, el gobierno debe replantearse el tema de la deuda pública.

Específicamente, bajo las actuales y futuras condiciones macroeconómicas de corto plazo, entendemos que el país tendrá serios problemas para pagar su deuda. Aunque el gobierno insista en pagar, las medidas fiscales impuestas para evitar la insolvencia, solo terminarán agudizando el círculo vicioso de deterioro económico, provocando las condiciones para un eventual impago.

LA LEY PARA EL CUMPLIMIENTO CON LAS DEUDAS Y PARA LA RECUPERACIÓN DE LAS CORPORACIONES

En lo que parecía ser un reconocimiento del gobierno de que la deuda de las principales corporaciones públicas es impagable, a poco tiempo de finalizar el año fiscal 2013-14, la administración de García Padilla presentó una medida para reestructurar la deuda de las principales corporaciones públicas. El Gobernador firmó la Ley Número 71 de 28 de junio de 2014, mejor conocida como "Ley para el cumplimiento con las deudas y para la recuperación de las corporaciones". Esta polémica ley, entre otras cosas, busca evitar el colapso de las principales corporaciones públicas, prevenir su insolvencia, evitar un posible impago y crear un mecanismo para cumplir con los acreedores de una manera ordenada.

Además de definir la política pública sobre un tema tan medular, la legislación convertida en la Ley 71 de 2014, es un reconocimiento formal de que la situación fiscal de estas corporaciones, es insostenible y crea los mecanismos para reestructurar su deuda.

Lamentablemente, el mercado y las agencias acreditadoras erróneamente o por mala fe (nunca sabremos), interpretó que el gobierno iba camino a un impago de su deuda y las agencias clasificadoras decidieron volver a hundir a la isla con más degradaciones. Paso seguido, dos fondos de inversiones[39], demandaron al gobierno local y cuestionaron la constitucionalidad del estatuto en el Tribunal Federal[40].

Así las cosas, muchos pensamos que había llegado el punto mas crítico de la situación fiscal del país. Se especuló que el enfrentamiento entre los representantes de los acreedores y el gobierno local, provocaría el comienzo de una solución verdadera al laberinto financiero. Con el tiempo, ha resultado obvio que dicha ley no era otra cosa que un mecanismo para presionar en la renegociación de la deuda de la Autoridad de Energía Eléctrica y sus acreedores. Nunca hubo una intención real de reestructurar la deuda de las corporaciones, más allá del acuerdo entre la AEE y el sindicato de bancos, que implicó la llegada de una oficial de reestructuración, a cambio de extender el término para el repago de la deuda.

LAS CORPORACIONES PÚBLICAS

El problema de la deuda pública se concentra primordialmente en sus corporaciones públicas principales, la Autoridad de Energía Eléctrica y la Autoridad de Carreteras. Las principales corporaciones públicas, que se crearon para que actuaran como entidades financieramente autosuficientes, hoy representan un enorme peso para la economía y los consumidores. Más trágico aún es el hecho, de que muchas de estas corporaciones fueron modelos a seguir por otros países en vías de desarrollo, se han

---

39 Blue Mountain Capital Management y Franklin California Tax Free Trust

40 El 6 de febrero de 2015, el Juez Federal Francisco Besosa, emitió una decisión declarando inconstitucional la Ley 71 de 2014. Tal decisión deja a Puerto Rico en un limbo jurídico y anula una de las pocas herramientas para manejar el alto endeudamiento.

convertido en organizaciones politizadas, financieramente insolventes, que dependen de subsidios y préstamos del Banco Gubernamental de Fomento para poder operar.

La Autoridad de Energía Eléctrica

La principal corporación pública del país se ha vuelto prácticamente insolvente. Al 2014, la AEE tenía una deuda total ascendente a cerca de $11,000 millones, entre préstamos a bancos y bonos. Según un informe del BGF, en el año fiscal 2014, la AEE tuvo pérdidas operacionales de $267 millones, mientras que en el 2013 y 2012, las pérdidas fueron de $283 y $346 millones, respectivamente[41].

La extrema dependencia del petróleo, la reducción del consumo comercial e industrial, los subsidios millonarios, el alto nivel morosidad de sus clientes gubernamentales, han llevado a la AEE a una peligrosa encrucijada financiera y operacional[42]. A mediados de febrero, el crédito de la AEE fue degradado a "chatarra" como parte de la ronda de degradaciones del crédito de la isla. Y luego de las diferentes degradaciones, hoy el crédito de la AEE se encuentra en los niveles más bajos, según las clasificaciones de las tres principales casas acreditadoras.

Ante la incapacidad de la AEE para poder cumplir con un pago de $671 millones a un sindicato de cuatro bancos, a finales de agosto del 2014, la Junta de Directores de la corporación pública aceptó el nombramiento de una Oficial de Reestructuración. Tal responsabilidad recayó sobre Lisa J. Donahue, quien desde septiembre trabaja en el desarrollo de un plan para reestructurar operacional y financieramente a la AEE.

Con toda probabilidad, las recomendaciones de Donahue, incluyan un aumento en la tarifa básica, la reestructuración de la deuda, una reducción en la plantilla laboral y la

---

41 Estados financieros de la AEE.

42 El 2 febrero de 2015, la encargada de la Reestructuración de la AEE, Lisa Donahue pidió una extensión de tiempo para comenzar a pagar a los bonistas y los acreedores.

apertura de la producción de energía por parte de empresas privadas. Habrá que esperar y ver si el gobierno aceptará estas recomendaciones, debido a la cercanía del periodo eleccionario y la posición del Gobernador de cero despidos de empleados y de su oposición a la privatización de servicios públicos.

La Autoridad de Carreteras y Transportación

Con una deuda ascendente a $6,931 millones, al igual que la AEE, esta corporación pública está prácticamente insolvente. Entre los años 2011 y 2013, las pérdidas operacionales de la ACT, ascendieron a $1,608 millones. Para enfrentar estas pérdidas, esta corporación ha recurrido a líneas de crédito con el BGF y bancos privados, que actualmente ascienden a $2,100 millones, sin contar con una fuente de repago. Con la privatización de la PR 22 y la PR 5, se perdió unas de sus principales fuentes de ingresos. En el 2013, la ACT se benefició de un aumento en el impuesto a las importaciones de petróleo de $3 a $9.25 por barril.

La respuesta del gobierno a la nueva crisis, fue aumentar por segunda ocasión el impuesto a las importaciones de derivados del petróleo que lo llevaría de $9.25 a $15.50 por barril. La estrategia es realizar una emisión de deuda de $2,900 millones a través de la Autoridad para el Financiamiento de la Infraestructura (AFI), que permitiría repagar la deuda de la Autoridad de Carreteras con el BGF e inyectarle nuevos ingresos recurrentes. Aún con estas medidas, hasta principios de marzo del 2015, la emisión de bonos no había podido realizarse, por el escepticismo del mercado hacia la crítica situación fiscal del país.

Autoridad de Acueductos y Alcantarillados

La AAA es otro ejemplo del fracaso de las corporaciones públicas. La que fuera un modelo en el desarrollo de un sistema moderno para la distribución de agua en el país, comenzó a caer en problemas fiscales y operacionales durante la década del ochenta. Desde entonces y hasta el 2005, los continuos problemas financieros de la AAA, obligaron al gobierno central a proveer un subsidio anual de $400 millones. En aquel momento, el Gobernador Aníbal Acevedo Vilá, decidió eliminar dicho subsidio y habilitó un alza tarifaria escalonada para facilitar la autosuficiencia financiera de la AAA y poder devolverle el acceso al mercado de capital. Entre el 2009 y el 2012, ese aumento fue pospuesto, obligando a la actual administración a cumplir con un alza tarifaria de 60% en el 2013.

A pesar de algunos avances de la AAA, dicha corporación pública continúa enfrentando algunos problemas operacionales, como la pérdida de agua debido al hurto y los salideros. La deuda pública total de la AAA asciende a $4,815 millones, entre el 2012 y 2013, tuvo pérdidas operacionales acumuladas de $427.8 millones.

La reestructuración de las corporaciones públicas

La actual situación macroeconómica y el deterioro financiero de las corporaciones públicas no dejan otra alternativa que no sea habilitar un modelo organizado para reestructurar su deuda. Esta realidad se hace aún más ineludible ante las actuales proyecciones económicas y demográficas que apuntan a una economía que será más pequeña y una población de 3.3 millones en el 2020[43]. Bajo estas condiciones, será muy difícil cumplir con el servicio de la deuda de las tres principales corporaciones, que asciende a $1,318 anuales y poder honrar el vencimiento en el pago del principal de muchos de estos bonos en el corto plazo. De igual manera, muchas de estas corporaciones no tendrán razón para existir o habrá que reenfocar sus funciones. En fin, resulta impostergable comenzar un

---

43 Proyecciones realizadas por Inteligencia Económica Inc. basado en las tendencias demográficas y macroeconómicas recientes.

proceso de reestructurar la deuda e implementar serias transformaciones operacionales.

El proceso debe comenzar primero mediante una reingeniería operacional para luego definir el modelo a seguir para cumplir de forma responsable con los acreedores. Hasta el momento el gobierno solo plantea de forma retórica la necesidad de reestructurar la deuda sin atender el problema operacional de éstas. En el caso de las tres corporaciones principales, los gobiernos han escogido la ruta de extender su vida de forma artificial, mediante aumento en tarifas e impuestos, lo que perpetúa sus ineficiencias y problemas estructurales.

Como mencionáramos anteriormente, al aprobar la Ley 71 de 2014, el gobierno reconoció la necesidad de que las corporaciones tienen que convertirse en organizaciones autosuficientes, pero no especifica los parámetros o los mecanismos para lograr esos objetivos.

Por ejemplo, durante el accidentado proceso legislativo para aprobar el aumento de la "crudita", no se planteó por parte del Ejecutivo ningún plan para reestructurar a la Autoridad de Carreteras y Transportación. Fue en el Senado, donde se incluyeron varias enmiendas que condicionaron el aumento al arbitrio a que se implementara un plan de reingeniería de la ACT. De hecho, nunca se explicó públicamente por parte del Ejecutivo, en que se utilizaron los recursos generados por el primer aumento a la "crudita" aprobado en el 2013.

Claramente, el problema operacional de las principales corporaciones, es de tal magnitud, que no se resolverá aumentado las tarifas. Resulta obvio que se requieren medidas más profundas, como la reducción en el gasto, (que posiblemente implique despido de empleados), venta o concesión de activos, apertura al mercado de algunas de sus actividades o servicios, desarrollo de alianzas público-privadas, y la reestructuración de su deuda. Sin embargo, Puerto Rico tiene que restablecer su credibilidad con la comunidad financiera, para poder iniciar un proceso de diálogo y reestructuración de la deuda.

REESTRUCTURACIÓN DE LA DEUDA DE LAS CORPORACIONES

La reestructuración de la deuda de las corporaciones tiene que llevarse a cabo de una manera ordenada y con un profundo nivel de responsabilidad por parte del gobierno de Puerto Rico. El marco jurídico-legal es esencial para el éxito de este proceso. Lo ideal sería que el Congreso Federal aprobara la propuesta HR 870 presentada por el Comisionado Residente Pedro Pierluisi,[44] a fin de permitir que el gobierno de Puerto Rico, autorice a sus corporaciones públicas y municipios, a reestructurar sus deudas bajo las disposiciones del Capítulo 9 de la Ley de Quiebras Federal. Esto sería un desarrollo positivo e importante para el país y para los tenedores de la deuda de las corporaciones.

La coyuntura no puede ser más ideal para que el Gobernador de Puerto Rico, Alejandro García Padilla y el Comisionado Residente en Washington, Pedro Pierluisi, con el apoyo del sector privado, inicien un esfuerzo coordinado, para lograr la aprobación de dicha enmienda. Esto representaría un acto de mucha madurez política y unión que le enviaría un mensaje al Gobierno de Estados Unidos, de que el país está dispuesto a manejar su problema fiscal de manera seria.

En el caso de Puerto Rico, un posible modelo para reestructurar la deuda puede ser, reducir el pago de intereses de las corporaciones y extender los vencimientos del pago del principal. Otro posible modelo pudiera ser reducir parte del principal de la deuda, mediante una negociación con los bonistas, tomando en cuenta las condiciones de cada emisor.

Mientras que una tercera opción sería extender el vencimiento del principal manteniendo el mismo nivel de pago de intereses. Cada modelo debe variar de acuerdo a la condición de cada uno de los emisores y la estructura legal que regula las distintas deudas emitidas.

---

44 El 26 de febrero de 2015, el subcomité de Reformas Regulatorias, Derecho Comercial y Antimonopolios de la Cámara de Representantes Federal, realizó una vista pública para analizar el Proyecto HR 870, que persigue enmendar la Ley de Quiebras Federal.

Bajo cualquier modelo a utilizarse, el objetivo debe ser rehabilitar la capacidad de repago, para evitar un escenario de impago, rehabilitar su capacidad de inversión en infraestructura y reducir el peso del servicio de la deuda mientras la economía se recupera.

REDUCCIÓN DEL GASTO GUBERNAMENTAL

Uno de los mayores desafíos que enfrenta el gobierno, es reducir su nivel de gastos, sin afectar adversamente la economía, ni provocar mayores costos sociales asociados a posibles reducciones en la nómina pública. La nueva realidad económica impone la necesidad de replantear el rol y tamaño del gobierno.

Desde el 2001, el desfase entre ingresos y gastos del gobierno, ha provocado un déficit estructural que durante el 2009 llegó a un nivel crítico de $2,864 millones. A pesar de los esfuerzos para controlar el gasto público, durante el período de 2009 al 2012, la realidad es que el gobierno sigue gastando más allá de los ingresos que produce la economía. La obstinación a seguir implementando nuevos impuestos, solo ha agudizado la contracción de la economía y de la propia base contributiva. En el 2014, el déficit fiscal según el BGF ascendió a $664 millones[45].

Ante la contracción de la economía y la pérdida poblacional, el gobierno no puede seguir compuesto por 131 dependencias, con un gasto de nómina de anual $6,586.4 millones[46]. La nueva realidad demográfica y económica, impone una reducción en el nivel de gasto, en el rol y en el tamaño del propio gobierno.

Al evaluar el presupuesto consolidado en curso, resulta sorprendente ver como sólo $1,190 millones están orientados a mejoras permanentes, mientras que $4,504 millones están destinados al pago de deuda. Es decir, el gasto mayor es el pago de

---

45 GDB Financial Information and Operating Data Report, October 2014.

46 Corresponde al Presupuesto Consolidado para el 2014-15, ascendente a $28,114 millones, según la Oficina de Gerencia y Presupuesto (OGP).

nómina (23.4%), en segundo lugar el servicio de la deuda (16%) y en último lugar la inversión para mejoras permanentes (4.2%). El gasto en servicios profesionales ascendió a $840.1 millones o (2.9%), irónicamente casi igual que el gasto en mejoras permanentes. El gasto público sigue orientado mayormente al pago de nómina, en menoscabo de otras prioridades, como lo es la inversión pública que es el componente más importante para apoyar la recuperación de la economía. La reforma fiscal ideal debe procurar en un período de cinco años e ir reduciendo el gasto del nivel actual de $10,000 a $8,000 millones[47].

DÉFICITS FISCALES DEL FONDO GENERAL (MILLONES)

Año fiscal	Ingresos	Gastos	Déficit
2009	$7,825	$10,689	($2,864)
2010	$8,032	$10,756	($2,724)
2011	$8,343	$10,144	($1,801)
2012	$8,783	$11,158	($2,375)
2013	$8,664	$9,974	($1,310)
2014	$9,141	$9,805	($664)

Fuente: Banco Gubernamental de Fomento

Al examinar las partidas de gastos del gobierno central[48], la realidad no es muy diferente a la del presupuesto consolidado. Para el año fiscal 2014-15, el gasto en nómina presupuestado asciende a $3,498 millones, equivalente a 36.5%. Mientras lo asignado para el pago de la deuda es de $1,226 millones, lo que representa un aumento de $571.1 millones con respecto al año fiscal 2013-14, que equivale a 12.8%. Del total

---

47 Nos referimos al gasto del Fondo General o las agencias del gobierno central.

48 El presupuesto aprobado para el Gobierno Central para el AF 2014-15 es de $9,565 millones.

de agencias del gobierno central, seis dependencias consumen $ 5,268.9 millones o el 55 % de la Resolución Conjunta del Presupuesto del Fondo General y emplean 100,343 personas.

No es un secreto, los grandes problemas administrativos que enfrentan estas seis agencias que consumen la mayor cantidad de recursos fiscales, particularmente el Departamento de Educación (DE). Un primer paso para reformular el gasto, sería comenzar a introducir reformas estructurales en estas agencias. Un análisis individual de la operación de cada una de estas dependencias, debe dar paso a reformas, que generen economías y por ende una reducción en el gasto. Eventualmente, se pueden ir expandiendo estas reformas al resto de las agencias del gobierno central.

AGENCIAS CON MAYOR NIVEL DE GASTOS
(MILLONES)

Agencia	Presupuesto	Asignación de la Resolución Conjunta	Empleados
Departamento de Educación	$3,453	$2,082	59,506
Administración Seguros de Salud	$2,223	$887	67
Universidad de Puerto Rico	$1,445	$881.2	12,033
Policía	$848.9	$751.9	15,855
Departamento de Salud	$784.7	$237.7	5,232
Departamento de Corrección	$450	$429.1	7,717
Total	**$9,204.6**	**$5,268.9**	**100,343**

Fuente: Presupuesto 2014-15, Oficina de Gerencia y Presupuesto

REINGENIERÍA DEL GOBIERNO Y LAS CORPORACIONES

Contrario al sector privado, en el gobierno no existen métricas, criterios de eficiencia, medición de la productividad o parámetros para evaluar la efectividad de la gestión pública. Mucho menos, criterios para medir la calidad del servicio que recibimos los que pagamos por esos servicios con nuestras contribuciones. Mientras trabajé como asesor económico en la Cámara de Representantes, tuve la oportunidad de participar en las vistas públicas para la aprobación de cuatro presupuestos.

Fue sorprendente presenciar la falta de rigurosidad de análisis por parte de la Asamblea Legislativa, al momento de evaluar y aprobar los presupuestos. No existen criterios claros para evaluar el desempeño fiscal de las agencias, ni formas de evaluar el uso eficiente de los recursos aprobados. Ante la crítica situación fiscal, urge implementar una verdadera reingeniería del gobierno central, las corporaciones y los municipios.

Más allá de la reducción de empleados públicos, el gobierno necesita ser sometido a una reestructuración y una modernización de todas sus operaciones.

Los principios rectores para llevar a cabo esta reingeniería son:

1. En el caso de las corporaciones públicas se debe medir el impacto de estas en la economía, evaluar si hay maneras más costo-eficientes de llevar a cabo estos servicios y lograr su autosuficiencia fiscal. Las corporaciones que no logren su auto-suficiencia, deben ser eliminadas;

2. Con respecto a las agencias del gobierno central, se debe evaluar la relevancia del servicio que ofrece cada agencia a la ciudadanía. Se debe medir el grado de necesidad de ese servicio para el ciudadano y cuál sería la forma más costo-efectiva de proveerlo;

3. La fusión de agencias y corporaciones, debe estar fundamentada en la posible sinergía para llevar los mismos servicios de una forma más costo-eficiente y con el mayor nivel de calidad posible;

4. La decisión para eliminar o reducir agencias y corporaciones públicas, debe estar basada en el nivel de relevancia del servicio de esa agencia, la disponibilidad de los recursos fiscales. Se debe implementar el mayor nivel de recursos tecnológicos posibles para elevar los niveles de eficiencia;

5. La nueva estructura de gobierno y las corporaciones públicas, deben operar bajo métricas de eficiencia, productividad y cumplimiento de las metas programáticas. La asignación anual de recursos fiscales debe fundamentarse en una evaluación rigurosa del cumplimiento de estas metas.

CAPÍTULO 7

LA ASISTENCIA DEL GOBIERNO FEDERAL

Salir de la actual encrucijada fiscal va a requerir mucha voluntad y madurez de parte del liderato político. Los dos partidos que han compartido el poder en las últimas cuatro décadas, son responsables en partes iguales, por la actual debacle que atraviesa Puerto Rico. Como planteáramos en el capítulo anterior, dentro de este esfuerzo, el (gobierno federal) tendrá que jugar un rol que requerirá mucha madurez por parte de los actores políticos locales. Al proponer la participación de los organismos federales, no me refiero a que el gobierno de Estados Unidos rescate a Puerto Rico, pero a identificar mecanismos que puedan ser utilizados por el gobierno o áreas de acción para colaborar dentro de un modelo que haga sentido para ambos gobiernos.

La petición de asistencia federal tampoco implica un reconocimiento de la incapacidad del pueblo de Puerto Rico para superar la actual crisis, sino reconocer la complejidad y la naturaleza estructural del problema económico y fiscal que enfrenta la isla. De hecho, es importante destacar que aunque el (gobierno federal) no es responsable de los actuales problemas del país, las limitaciones que impone la actual relación política, reduce las opciones disponibles para el gobierno local.

Bajo el actual estatus político, Puerto Rico no puede recurrir a organismos financieros internacionales, como el Fondo Monetario Internacional (FMI) o el Banco Mundial (BM), a buscar asistencia. El gobierno de Puerto Rico tampoco tiene control sobre la política monetaria, por lo tanto, está sujeto a la política establecida por el Banco de la Reserva Federal. Al no ser un estado, la isla no tiene poder político en el Congreso Federal, ni el poder para buscar alternativas dentro de los organismos federales.

Así las cosas, el gobierno local se encuentra en medio de una crisis sin precedente, sin herramientas para poder articular una respuesta efectiva y coherente que permita superar los actuales retos. El gobierno de Estados Unidos derogó de forma unilateral la Sección 936, lo que representó un duro golpe para la economía. Eventualmente, comenzó a negociar acuerdos de libre comercio con países competidores de la isla en la región, lo que aceleró la pérdida de ventajas competitivas para Puerto Rico. Mientras tanto, temas como la Ley de Cabotaje y la aplicación de otras regulaciones federales aplicables a la isla, no son atendidas por la Casa Blanca ni por el Congreso.

Desde esta perspectiva, el liderato político y las organizaciones empresariales debe reclamar a Casa Blanca para que se inicie un proceso de discusión para auscultar alternativas, que le permitan al país tener acceso a mecanismos y herramientas no tradicionales para solucionar la actual situación.

La participación del Gobierno Federal

Durante décadas, el gobierno local tuvo acceso al mercado municipal. Este es un mercado de capital en el que los estados, ciudades, condados, corporaciones públicas y casi todo tipo de entidad gubernamental, pueden acceder a vender bonos para levantar capital. Este mercado de $3.7 trillones, es uno de los más grandes e importantes en los Estados Unidos, y tiene unas particularidades financieras y legales, únicas dentro de la complejidad financiera de los diversos mercados de capital. Todos los estados y los territorios, incluyendo a Puerto

Rico, pueden participar del mercado municipal. De hecho, los bonos emitidos por la isla, eran de los más cotizados y atractivos en ese mercado, por ser el único emisor de bonos con triple exención contributiva y los altos rendimientos que representa este tratamiento.

Luego de la degradación a "chatarra", todo eso es historia. A partir, de la nueva realidad impuesta por la baja calidad crediticia de los bonos locales, el gobierno ha tenido que recurrir a fuentes de financiamiento no tradicionales, como los "Fondos Buitres", que exigen mayores tasas de interés y otro tipo de garantías, más onerosas para la isla. Previo a la degradación del crédito, el gobierno podía emitir bonos a tasas de interés que fluctuaban entre 5% y 6%, en la actualidad, estos intereses han ascendido hasta 9%. Como parte de las nuevas garantías, los "Fondos Buitres" han exigido al gobierno ceder la soberanía jurídica, lo que implicaría que de haber un diferendo legal, el mismo se vería en el tribunal de la ciudad de Nueva York, así como el requisito de extender la garantía constitucional del Estado Libre Asociado a bonos que no son obligaciones generales del ELA.

En términos simples, el gobierno de Puerto Rico está tomando prestado a tasas de usura, está dependiendo de los fondos especulativos, que al momento de hacer reclamaciones, no tendrán ninguna consideración a los intereses del país.

Ante la apremiante necesidad de liquidez, una de las opciones que tiene el Gobierno de Puerto Rico es solicitar ayuda al Banco de la Reserva Federal de Nueva York (FED) o al Departamento del Tesoro Federal. Estos dos organismos pudieran articular mecanismos especialmente diseñados para atender la situación de la isla. Sin embargo, esto requerirá una política pública federal que tiene que ser articulada por la Casa Blanca y hasta el momento no se ha planteado nada concreto.

Debido a la inercia y la incapacidad de las principales fuerzas políticas para construir una solución local, el deterioro económico y fiscal podrá tener consecuencias graves para el país. Las repercusiones de un desplome fiscal de la isla pudieran provocar un impago de la deuda así como desestabilizar el sector bancario. Un escenario caótico, provocará que las agencias federales tengan que asumir costos mayores dentro de una intervención a gran escala en Puerto Rico.

Desde mi perspectiva, hay razones suficientes para que el gobierno federal preste atención y ayude a Puerto Rico, pero hay que definir un proyecto económico que debe ser respaldado por todos los sectores.

EL PLAN BRADY

El gobierno de Estados Unidos, a través del Departamento del Tesoro o el propio Banco de la Reserva Federal, pudieran habilitar algún tipo de mecanismo que le de garantía a los acreedores del gobierno local. Existe un precedente histórico que puede ser evaluado para atender la situación actual de Puerto Rico. En el 1989, el Secretario del Departamento Tesoro, Nicholas Brady, estructuró lo que se conoció como el Plan Brady[49]. Este plan se fundamentó en un programa adoptado por el Gobierno de Estados Unidos para reestructurar la deuda contraída por los países en vías de desarrollo con la banca comercial, durante la "Crisis de la Deuda Latinoamericana". El programa creó varios mecanismos que incluyeron, operaciones de reducción de la deuda y el servicio de la deuda efectuada voluntariamente en condiciones de mercado.

La reestructuración incluyó reducción en el principal, así como una extensión de los vencimientos, que a su vez permitió generar cierto nivel de inversión productiva, que eventualmente rehabilitó la capacidad de pago de la deuda. En el caso de la deuda de Latinoamérica, la misma llegó a su punto máximo en el 1983, con un balance total de $315 mil

---

49 Nicholas Brady, fue Secretario del Tesoro de Estados Unidos bajo la presidencia de George Bush. Durante su incumbencia, creó una estrategia adoptada en 1989, para reestructurar la deuda contraída por los países en desarrollo con bancos comerciales, Específicamente, se les abrió nuevamente (luego de llegar a un acuerdo) las puertas a los mercados financieros internacionales, que a partir de este momento no existiría más la concentración de acreedores en bancos particulares foráneos, sino que los acreedores pasarían a estar atomizados en los diferentes mercados de capitales internacionales.

millones de dólares, equivalente al 50% del Producto Interno Bruto (PIB) de la región[50]. El Departamento del Tesoro Federal puede crear un mecanismo similar al Plan Brady, para manejar un nivel de deuda mucho menor, para una jurisdicción federal, lo cual debe simplificar su implementación.

LA SECCIÓN 933-A

Algunos analistas de la realidad económica de Puerto Rico, han planteado que para sacar al país del actual estancamiento, será necesario restablecer algún tipo de incentivo contributivo federal. Dicho planteamiento se sustenta en el hecho de que por décadas, el modelo económico de la isla estuvo fundamentado primero en la Sección 931 y luego en la Sección 936. Entre el 2001 y el 2004, la Administración de Sila Calderón, intento sin éxito lograr la aprobación de la Sección 956. Bajo la administración de Aníbal Acevedo Vilá, no hubo peticiones en esta dirección, pero durante la administración de Luis Fortuño (2009-12), surgió una idea de la Coalición del Sector Privado para enmendar el Código Federal y crear la Sección 933-A.

La propuesta Sección 933-A en el código tributario federal haría factible que una corporación estadounidense pueda solicitar un tratamiento como individuo ante el Servicio de Rentas Internas Federal, convirtiéndose en una empresa doméstica. Ello le permitiría, entre otras cosas, disfrutar de la repatriación de dividendos a tasas preferenciales a sus matrices. Esto le permitiría a corporaciones incorporadas en Puerto Rico, que la mitad o más de sus ingresos se generen aquí, puedan operar como entidades domésticas a la hora de repatriar sus dividendos a una tasa preferencial, como lo permite la sección 243 del Código. Se estima que las compañías de Estados Unidos tienen casi $1.5 trillones fuera del territorio. La enmienda propuesta a la Sección 933 busca atraer parte de ese dinero para que pague contribuciones en Estados Unidos

---

50 Sunkel, Osvald y Stephany Griffith-Jones (1986), "Debt and Development Crises in Latin America: The End of an Illusion".

a tasas preferenciales, traer nueva inversión y generación de empleos en Puerto Rico.

Esta propuesta que contó con el apoyo del Partido Nuevo Progresista, el Partido Popular Democrático y los organismos empresariales, fue presentada mediante legislación por el Comisionado Pedro Pierluisi en el 2011, pero no ha tenido avances en el trámite legislativo en el Congreso. Como parte del diálogo con el (gobierno federal), se debe hacer un planteamiento para que sea incluida dentro del programa para ayudar a Puerto Rico.

AUMENTAR LA PREFERENCIA A LAS EMPRESAS LOCALES EN LAS SUBASTAS DEL GOBIERNO FEDERAL

Otro mecanismo que pudiera ser incorporado dentro de un programa para apoyar a Puerto Rico, sería, aumentar temporalmente los niveles de preferencia para la compra de productos y servicios del Gobierno Federal a empresas locales. Anualmente, las diferentes agencias del gobierno de Estados Unidos gastan miles de millones de dólares en productos y servicios. Algunas empresas locales participan de estos programas, a través de la Administración para Pequeños Negocios (SBA por sus siglas en inglés). Incrementar el acceso preferencial de las empresas puertorriqueñas, pudiera ayudar a expandir la producción y la creación de empleos, aportando así a la recuperación económica. Este aumento en el nivel de preferencias, puede ser extendido por un período de cinco años y pudiera incluir criterios específicos de precios, calidad e industrias claves dentro de la economía local, como lo es la manufactura, la construcción, tecnología y servicios profesionales.

Este mecanismo, apoyado de forma complementaria con un esfuerzo del gobierno local, pudiera ayudar a muchas empresas a crear una nueva masa crítica de compradores para expandir su escala de producción, abaratar costos y ser más competitiva en el largo plazo. La Administración Federal de

Pequeños Negocios y la Compañía de Comercio y Exportación, pudieran trabajar conjuntamente en este esfuerzo estratégico, de apoyo directo a las pequeñas y medianas empresas locales.

APOYAR A LAS EMPRESAS LOCALES EN LA PARTICIPACIÓN DE LOS ACUERDOS COMERCIALES

La promoción del libre comercio con los países de la región de América Latina ha sido prioridad desde el Presidente Bill Clinton, hasta la actual administración de Barack Obama. Estados Unidos ha firmado tratados de libre comercio, con Centroamérica y la República Dominicana (CAFTA-DR) y con otras economías importantes como Colombia, Chile y Perú. Por su relación política y económica con Estados Unidos, Puerto Rico forma parte de estos acuerdos y se puede afectar negativamente o beneficiarse de ellos, si en efecto, se llevan a cabo las estrategias correctas. Al examinar la balanza comercial de la isla, las empresas locales no le han sacado provecho a la apertura gradual de estos mercados. La oferta exportadora de las empresas puertorriqueñas, continua débil.

El gobierno local debería trabajar de forma coordinada con el Departamento de Comercio Federal para promover la participación de empresas locales dentro de los tratados comerciales aprobados con países de la región. Puerto Rico debe sacarle provecho a su posición geográfica y al hecho de ser un país latinoamericano, para posicionarse dentro de estos acuerdos comerciales y aumentar la presencia comercial. La internacionalización de las empresas locales será esencial dentro de cualquier estrategia de recuperación económica.

Por internacionalización, me refiero a un proceso estratégico y amplio de desarrollo de alianzas entre el gobierno y el sector privado con sus homólogos en el resto del mundo. Podemos ver la internacionalización económica como el desarrollo de la infraestructura de relaciones necesarias para definir las áreas de mutuo beneficio para Puerto Rico y sus posibles

73

socios comerciales en el mercado global. Esta infraestructura es esencial para crear un contexto claro y definido que genere las condiciones necesarias para el intercambio comercial y económico. El país ya llevó a cabo un proceso muy similar a lo aquí descrito, bajo la Iniciativa para la Cuenca del Caribe a finales de la década del 1980[51] (CBI por sus siglas en inglés).

Bajo el CBI, desde Puerto Rico se financiaban proyectos comerciales en países de la región con los fondos 936 depositados en la banca local. Subsiguientemente, bajo el esquema industrial conocido como "Plantas Gemelas", Puerto Rico servía como integrador final de productos intensivos en mano de obra, iniciados en otras economías de la región. Bajo este modelo, por un tiempo, la isla jugó un rol financiero y comercial protagónico en su entorno regional natural que es Centroamérica y el Caribe.

Como parte de las iniciativas para apoyar la rehabilitación económica de la isla, el gobierno de Estados Unidos debe facilitarle al gobierno de Puerto Rico ampliar su espacio de acción dentro de los actuales procesos de integración comercial. Puerto Rico debe reclamar ese espacio y el sector empresarial local, debe asumir el liderazgo necesario para comenzar a desarrollar relaciones y potenciar su oferta exportadora.

La normalización de relaciones entre Estados Unidos y Cuba, representa una nueva oportunidad para la comunidad empresarial puertorriqueña, pero eso supone una nueva voluntad, mucha madurez política para que el país asuma un rol comercial y económico en la región. El mundo y la región cambian de forma acelerada y no van a esperar por Puerto Rico. El empresariado local está en posición de convertirse en un socio de Cuba en el escenario de una Cuba post-embargo, pero hay que actuar de forma estratégica y con un gran sentido de urgencia.

---

51 Durante un intento de la Administración del Presidente Ronald Reagan de eliminar la Sección 936 en el 1986, se acordó modificar este instrumento contributivo para desde Puerto Rico apoyar el desarrollo económico de los países de la región del Caribe utilizando los depósitos de las corporaciones 936.

CAPÍTULO 8

LA REACTIVACIÓN DE LA ECONOMÍA

La obsesión de las últimas tres administraciones de gobierno incluyendo la actual, en intentar resolver el problema fiscal sin rehabilitar los fundamentos productivos, ha impedido articular una estrategia de desarrollo a largo plazo. Se ha operado bajo la premisa de que al resolver el problema fiscal, se resolverá el problema de estancamiento económico.

La realidad es que se necesita un cambio radical en la hoja de ruta, que invierta las prioridades de la estrategia y coloque la recuperación económica como la prioridad gubernamental. La reactivación de la economía solo será viable en la medida en que se estimule la inversión, se genere nueva producción y se comience a crear nueva riqueza. Las políticas fiscales vigentes sólo han logrado desalentar nueva producción, confiscar recursos al sector privado, a los consumidores y destruir la riqueza local.

A nuestro juicio, el proceso de reactivación económica debe tener dos fases, una primera etapa en la cuál mediante medidas de corto plazo se detenga la caída económica y una segunda etapa en la cuál se fortalezcan los fundamentos que permitan un crecimiento sostenido de la economía. En el corto plazo los esfuerzos para reactivar la economía deben ir dirigidos a aumentar la inversión privada, reducir los costos de hacer negocios, crear un clima adecuado para el desarrollo y atracción de nuevas empresas, así como identificar las industrias líderes sobre las cuáles apoyar el proceso de recuperación. Como parte de este esfuerzo hay que identificar que industrias o sectores productivos aún exhiben un nivel de competitividad local e internacional y comenzar a promover su desarrollo utilizando medidas y estímulos para expandir las mismas.

El objetivo es utilizar el dinamismo de estas industrias para que mediante su efecto multiplicador, se vayan reactivando otros sectores productivos. En esencia, lo que se persigue es utilizar los sectores más fuertes y dinámicos de la economía para apoyar el crecimiento gradual de otras industrias.

INVERSIÓN PRIVADA

Los problemas fiscales del gobierno han impedido que el sector público pueda llevar a cabo su histórico rol de invertir en obra pública o en nueva infraestructura. Ante la nueva encrucijada, es vital buscar formas creativas de aumentar la inversión de las empresas locales y atraer nuevo capital. Hemos estimado que la economía necesita de entre cuatro a cinco mil millones de dólares recurrentes en nueva inversión, por un período no menor de cinco años, para que la economía pueda alcanzar tasas positivas de crecimiento económico[52].

Para lograr esa meta se necesita un esfuerzo monumental por parte del gobierno y del sector privado capitalizando en los sectores económicos estratégicos y que aún generan algún apetito al capital local y externo. En esta dirección, se han aprobado varias leyes y programas que crean incentivos contributivos para ciertas actividades e industrias.

Al igual que ocurrió a mediados del siglo pasado, cuando Puerto Rico fue pionero desarrollando una de las primeras leyes

---

52 Análisis realizado mediante simulación con un modelo econométrico utilizando la técnica de vectores autorregresivos.

de incentivos contributivos[53], en la actualidad, el país dispone de programas de incentivos para atraer capital y promover nueva actividad económica. El reto está en promover globalmente estos incentivos y una vez se traigan nuevas empresas, viabilizar un verdadero eco-sistema productivo que vincule las nuevas empresas internacionales a las empresas locales. Lejos de promover nuevas empresas sin ningún racional estratégico, los esfuerzos de atracción de capital deben estar enmarcados en un plan coherente de desarrollo económico con metas mediano y largo plazo.

EL PROGRAMA DE ATRACCIÓN DE MILLONARIOS

Una forma creativa de atraer nuevo capital se manifiesta a través los actuales esfuerzos que lleva el gobierno para convertir a la isla en un centro regional para la exportación de servicios y la atracción de inversionistas, utilizando las Leyes 20 y 22 de 2012, respectivamente. Ambas leyes, aunque fueron aprobadas por la anterior administración, el equipo económico del actual gobierno, las utiliza como punta de lanza de su estrategia. Entendemos que ambas leyes, representan una forma creativa de maximizar la autonomía fiscal del Estado Libre Asociado para atraer nuevo capital. Sin embargo, no se puede fundamentar un plan de desarrollo económico en esta estrategia. A nuestro juicio, este programa debe ser un complemento dentro de un esfuerzo más abarcador y coherente.

Desde su implementación al presente, han tenido un resultado moderado que aún no es suficiente para alterar la situación de debilidad económica[54], han permitido atraer una cantidad de inversionistas y nuevas empresas a Puerto Rico. Estos inversionistas se han ubicado en la isla, han invertido en la compra de activos a precios descontados y bonos del

---

53 En el 1948, al confeccionar e implementar su primera ley de incentivos contributivos, Puerto Rico fue uno de los primeros países en utilizar este tipo de mecanismo para atraer inversión externa.

54 Desde el 2012 hasta el 2014 se habían otorgados un total de 170 decretos bajo la Ley 20 y 297 bajo la Ley 22.

gobierno. Esta inversión aunque ha ayudado a los bancos a reducir el nivel de activos tóxicos en sus carteras de préstamos, no ha sido suficiente para reactivar la economía. Algunos de estos inversionistas han comprado hoteles y otros activos para luego hacer mejoras con inversión adicional. El caso más destacado es el de John Paulson, un reconocido manejador de fondos de inversión, que se estima ha invertido cerca de $1,000 millones en diferentes proyectos hoteleros, edificios comerciales y en la banca local[55].

La preocupación de la comunidad empresarial local, es que el actual esquema de incentivos puede resultar en que inversionistas del exterior terminen teniendo un control de amplios sectores de la economía, particularmente de bienes raíces. Otra preocupación, es que la Ley 22 puede crear ventajas competitivas a favor de los inversionistas del exterior, ya que los empresarios locales no son elegibles para esos beneficios contributivos. El gobierno debe proveer igual trato al inversionista local, con el fin de evitar ventajas que favorezcan exclusivamente a los inversionistas del exterior y asegurar la creación de nueva riqueza por parte de los empresarios locales.

FORTALECIMIENTO DE LA BASE INDUSTRIAL

Otra de las áreas donde existe una gran oportunidad para atraer nueva inversión, es el área de la manufactura. Este renglón continúa teniendo una alta relevancia para la economía local, toda vez que representa el 44% del Producto Interno Bruto (PIB). Además, la manufactura tiene un alto multiplicador en el resto de la economía, al pagar los salarios más altos y generar altos impactos indirectos en el resto del sistema productivo. A esos efectos, el gobierno y el sector privado, deben maximizar la experiencia industrial de más de medio siglo y los beneficios de la Ley 73 de 2008, mejor conocida

---

55 John Paulson aún no ha solicitado un decreto bajo la Ley 22, pero ha realizado significativas inversiones adquiriendo hoteles y otros inmuebles. También es unos de los accionistas principales de Banco Popular el principal conglomerado financiero de Puerto Rico.

como la "Ley de Incentivos para el Desarrollo Económico de Puerto Rico".

Esta ley provee atractivos beneficios contributivos para empresas de manufactura e industrias relacionadas. Como parte de la estrategia de diversificación industrial, la Compañía de Fomento Industrial ha ido identificando otros nichos donde la isla tiene o puede crear ventajas competitivas. La industria aeroespacial, es uno de los sectores donde Puerto Rico está desarrollando un nicho de oportunidad. Recientemente, se anunció el establecimiento de la empresa alemana Lufthansa en Aguadilla y la expansión de otras empresas vinculadas a este renglón industrial, como Honeywell, entre otras. Claramente, el país comienza a crear unas ventajas competitivas en esta área, sacándole provecho a la disponibilidad de ingenieros de primer orden y la ubicación geográfica.

La manufactura de medicamentos genéricos, es otro de los renglones en la cuáles la isla ha dado pasos de avance, capitalizando de la experiencia previa bajo la Sección 936 que le permitió al país convertirse en la capital de la manufactura de medicinas. En esta industria hay una gran oportunidad para atraer nuevas empresas, para gradualmente ir consolidando un nicho de producción importante.

El área de dispositivos médicos, es otro de los renglones en donde también existen ventajas competitivas. En este renglón existen grandes oportunidades para expandir operaciones existentes y atraer nuevos jugadores. En Puerto Rico operan 14 de las 20 compañías de dispositivos médicos más grandes del mundo. El sector genera aproximadamente 20,000 empleos directos y cuenta con sobre 70 plantas de manufactura alrededor de toda la isla.

EXPANSIÓN DE LA MANUFACTURA LOCAL

Aunque una gran cantidad de empresas de manufactura local han tenido que cerrar operaciones, todavía existe una gran cantidad de empresas de manufactura local, que son esenciales para preservar y fortalecer la base de producción de capital local. Los manufactureros locales, mantienen una fuerte presencia en el área de alimentos y bebidas, materiales de construcción y textiles. Recientemente, ha surgido un nicho en el área de tecnología y desarrollo de productos educativos, con empresas que incluso han incursionado en los mercados internacionales. La estrategia en este renglón, debe estar orientada los esfuerzos de modernización tecnológica, y exportación de estas empresas, para convertirlas en punta de lanza de la revitalización industrial del país.

En el caso de estas empresas, al ser de capital local, el impacto multiplicador es aún mayor. Por lo tanto, urge inyectar recursos para asegurar que estas empresas pueden competir en los mercados de exportación, particularmente en el mercado de Estados Unidos, donde ya hay 4.6 millones de puertorriqueños, y los mercados de la región como el CAFTA-DR y América Latina. El gobierno debe asegurar un mayor nivel de compra de las agencias gubernamentales a estas empresas, lo que puede ayudarlas a aumentar su escala de negocios por ende, reducir sus precios para hacerlas más competitivas internacionalmente.

REDUCIR LOS COSTOS DE HACER NEGOCIOS

La atracción de inversión depende de que Puerto Rico pueda ser un lugar competitivo y hospitalario al capital privado. Una de las áreas en las cuáles el país continúa perdiendo terreno a nivel global, es en los altos costos de hacer negocios. Lograr costos operacionales bajos, es esencial para atraer nueva inversión, porque es un importante determinante de rentabilidad de las empresas. En la actualidad, el costo de energía es el que más afecta a las empresas y que más desalienta la llegada de nueva inversión, particularmente a las empresas de manufactura.

Según el propio el Foro Económico Internacional (WEF por sus siglas en inglés), los principales competidores de

Puerto Rico, tienen costos de energía industrial relativamente más bajos. Por ejemplo, en la región cercana, Panamá tiene un costo por kilovatio hora de 14 centavos, Chile (15 centavos), Brasil (16 centavos) y la República Dominicana (21 centavos)[56]. Según el más reciente informe del WEF, para tener un sistema energético eficaz, los países tiene que centrarse en los tres lados del triangulo energético, que son, sostenibilidad ambiental, seguridad de suministro y asequibilidad.

El tema energético ha cobrado tanta importancia, que el WEF ha creado una métrica bajo el concepto de "arquitectura energética", compuesto por 18 indicadores que evalúan el desempeño en cuanto a crecimiento económico, sostenibilidad ambiental, seguridad energética, huella de emisiones, tasa de electrificación, uso intensivo de la energía, entre otros. Mientras nuestros principales competidores procuran como reducir sus costos energéticos, en Puerto Rico el costo kilovatio/hora de la industria se mantiene entre 28 y 29 centavos. A pesar de los efectos adversos de esas tarifas, los defensores del actual modelo energético argumentan que nuestra condición geográfica es un factor que limita reducir los costos. La quiebra de la AEE y su entrada literalmente en sindicatura bajo la supervisión de sus acreedores, debe provocar una profunda reestructuración del modelo energético que de paso a la producción privada, que permita la gradual reducción de las tarifas. Específicamente, proponemos la apertura al mercado de la producción de energía y la promoción de fuentes de energía renovable para reducir el costo kilovatio-hora a por lo menos .18 centavos en el corto plazo.

LAS INDUSTRIAS LÍDERES

La recuperación económica dependerá en el aumento en la producción de bienes y servicios por parte del sector privado. El gobierno nunca debió ser el principal patrono ni el principal inversionista en la economía. Ese modelo ha colocado

---

56 Informe de Competitividad Mundial Publicado por el World Economic Forum en el 2014.

a Puerto Rico en la actual encrucijada fiscal, la cuál requerirá un profundo cambio de filosofía y mucha creatividad. Por cambio de filosofía, me refiero a que el sector privado debe asumir el liderazgo de los temas económicos y no dejarlo en manos del gobierno. Por creatividad, me refiero al ejercicio de identificar las nuevas actividades productivas que se pueden llevar a cabo en Puerto Rico de forma exitosa, qué empresas podemos crear y cuáles son las industrias que emergerán de la actual crisis para fundamentar el desarrollo económico de Puerto Rico en las próximas décadas. El reto que tenemos como país, es identificar cuáles son esas industrias, una vez las identifiquemos, orientar la mayor cantidad de recursos hacia esos sectores productivos emergentes.

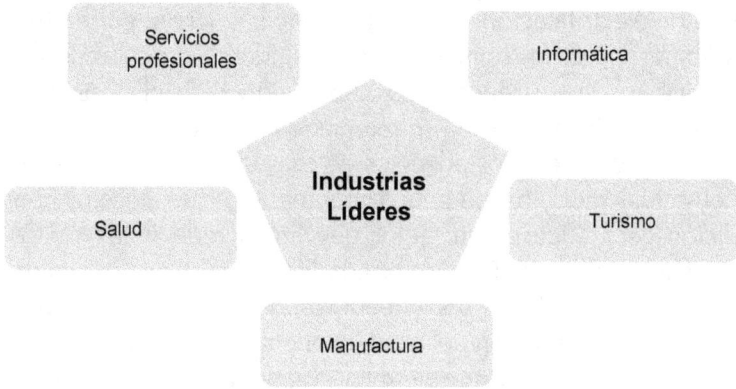

El racional macroeconómico del enfoque de industrias líderes se fundamenta en los siguientes puntos:

1. Industrias en las cuáles empresarios locales aún mantiene un liderazgo y hay empresas de capital local junto a empresas multinacionales;

2. Industrias con un alto multiplicador de empleo, producción e ingreso;

3. Industrias capaces de exportar;

4. Industrias que ya proyectan mejoría, pese a la actual contracción económica.

MANUFACTURA

La manufactura es un sector que, a pesar de las fuertes presiones competitivas globales, mantiene cierta estabilidad. Sin embargo, hay que buscar la manera de preservar la mayor cantidad de empresas, proveyendo un mejor clima económico. Según la Compañía de Fomento Industrial, la manufactura aún genera un total de 77,500 empleos directos.

El futuro industrial de Puerto Rico, está vinculado a las empresas de alto valor añadido, donde aún la isla retiene cierta competitividad global. Las operaciones farmacéuticas y de biotecnología, son la punta de lanza de la actividad manufacturera con exportaciones globales de $43,887 millones equivalente al 70% del valor total de las exportaciones de la isla[57]. El gobierno, la academia y el sector privado, deben trabajar de forma coordinada para retener y ampliar la presencia de estas corporaciones multinacionales. Por espacio de cuatro décadas, la fuerza trabajadora ligada a esta industria ha acumulado un conocimiento y unas destrezas que hoy representan la mayor ventaja para atraer nuevas operaciones. El país tiene que capitalizar en su capital humano, en las instituciones universitarias y en la experiencia acumulada, para saltar al próximo nivel creando un verdadero ecosistema de manufactura biotecnológica.

Este nuevo ecosistema, depende de la habilidad de la isla para desarrollar actividades de investigación y desarrollo, así como en la producción de conocimiento vinculado a esta industria. Para lograr esto, urge alinear a la academia con la industria dentro de proyectos de investigación y desarrollo de patentes que gradualmente vayan creando una masa crítica de producción de nuevos productos y soluciones que terminen siendo comercializados globalmente por las corporaciones multinacionales que hoy operan desde la isla. Desde esta perspectiva, la creación de entidades como el Fideicomiso de Ciencia y Tecnología, así como el Centro Comprensivo de

---

57 Apéndice Estadístico, Informe Económico al Gobernador 2013, Junta de Planificación.

Cáncer, son pasos afirmativos en esta dirección. La clave, es proveerle apoyo financiero y convertir estos organismos en catalizadores de proyectos de investigación y desarrollo con proyección global.

LA MANUFACTURA PUERTORRIQUEÑA

Dentro de la manufactura, el otro renglón que tiene potencial de crecimiento es el de la manufactura local. La estrategia de reactivación manufacturera debe procurar el desarrollo de vínculos entre las empresas locales y las empresas multinacionales, para crear una cadena de valor agregado. Los esfuerzos de promoción de la Compañía de Fomento Industrial, deben procurar esta integración utilizando la Ley 73 de 2008, que provee incentivos dentro del concepto de suplidores estratégicos. De igual manera, organizaciones como la Asociación de Industriales y la Asociación de la Industria Farmacéutica, deben actuar como facilitadoras de esta integración y el desarrollo de la cadena de valor con la mayor cantidad de empresas locales.

Los consumidores y el propio gobierno, tienen un rol importante dentro del fortalecimiento de la manufactura local. Al patrocinar los productos manufacturados por empresas puertorriqueñas, se genera un efecto multiplicador para el resto de la economía. En el 2008, estimamos que por cada dólar invertido en la compra de productos hechos en Puerto Rico, .70 centavos se quedan dentro de la economía local. El gobierno local, con un presupuesto de compras de sobre $5,000 millones anuales debe actuar como un importante patrocinador de los productos locales, si se cumple con criterios adecuados de calidad y precio. Los consumidores locales, al preferir los productos hechos en Puerto Rico, ayudan a reactivar la economía, dejando el dinero dentro del país.

Además de buscar fortalecerse en el mercado local, las empresas de capital local, deben comenzar un proyecto de internacionalización que les permita expandirse hacia los mercados de la región. Recientemente, en una columna publicada en El Nuevo Día titulada "La diáspora como mercado de exportación[58]", analizaba como la población de 4.6 millones de boricuas en los Estados Unidos, se convierten en un mercado natural para las empresas locales. En esa columna, hice un llamado a forjar un proyecto de colaboración entre las organizaciones empresariales, las empresas de transporte marítimo, el gobierno local y las comunidades de puertorriqueños en Estados Unidos, que facilite la incursión de empresas locales en esos mercados.

INDUSTRIA DE LA SALUD

La industria de la salud, es un sector económico emergente. El envejecimiento poblacional, unido a la fuerte inyección de fondos federales y del gobierno estatal, ha convertido a la industria de salud, en uno de los sectores económicos de mayor dinamismo y crecimiento. Según el apéndice estadístico del Informe Económico al Gobernador, durante el 2013, el gasto total de los consumidores en servicios y productos de salud, ascendió a $12,200 millones, equivalente al 16.8% del Producto Nacional Bruto (PNB). De esta cantidad, $7,200 millones provinieron de fuentes gubernamentales y $5,000 millones de fuentes privadas[59]. El sector de salud, también es responsable de la generación de 118,000 empleos, es uno de los pocos sectores que ha generado empleos nuevos durante el 2003 y el 2013. El dinamismo generado por esta industria, la ha convertido en un importante motor de actividades económicas dentro y fuera de la industria.

El conglomerado de actividades económicas vinculadas a la industria de salud, incluye hospitales, proveedores de servicios, como médicos, médicos especialistas, tecnólogos médicos e instituciones que ofrecen programas educativos orientados a la salud. Durante las últimas décadas, Puerto Rico ha logrado desarrollar una industria de salud de primer orden;

---

58 Nuevo Día, octubre 13 de 2014.

59 Informe Económico al Gobernador Junta de Planificación de Puerto Rico, 2013. Informe Estadístico Comisionado de Seguros, 2013.

compuesto por profesionales altamente calificado y recursos tecnológicos de vanguardia. En la industria de salud, se han desarrollado empresas de seguros de salud, que cotizan en el mercado de valores como lo es Triple-S, así como cadenas de hospitales, con los más altos estándares de calidad y médicos especialistas que han ejercido en los más prestigiosos hospitales en los Estados Unidos. También, es importante destacar, la presencia de cadenas de farmacias y de laboratorios clínicos de capital local que son parte esencial de la cadena de valor y proveedores de esta industria.

En el 2011, la Cámara de Comercio del Sur, le comisionó un estudio económico a Inteligencia Económica Inc., para evaluar la viabilidad de crear un conglomerado de la industria de la salud en la región sur de Puerto Rico. Nuestro análisis reflejó que en efecto, la región sur que transcurre desde Maunabo hasta Yauco, reúne las condiciones para crear un "cluster" fundamentado en las empresas relacionadas a la industria de la salud[60]. Este tipo de organización económica, refleja el enorme potencial de esta industria para aportar a la recuperación de la economía.

TURISMO DE LA SALUD

Recientemente, el Departamento de Desarrollo Económico y Comercio, anunció un plan para promover el desarrollo de la industria de turismo médico, que busca capitalizar sobre las ventajas de los ofrecimientos de servicios de salud y los ofrecimientos turísticos de la isla. Este plan, persigue crear una industria de turismo de la salud, que permitiría atraer visitantes de los países de la región, particularmente de Centroamérica y del Caribe. Las instituciones de salud ubicadas en la isla, ofrecen servicios de igual o mejor calidad a precios más accesibles que en los Estados Unidos, a la misma vez que esos visitantes pueden experimentar unas vacaciones en la isla. En la actualidad, algunos grupos de hospitales trabajan

---

60 "La creación de un Conglomerado de la Industria de la Salud en la Región Sur dc Puerto Rico", presentado a la Cámara de Comercio del Sur, 2012.

de forma coordinada con hoteles en la integración de esfuerzos para desarrollar una oferta única. Este tipo de iniciativa, representa un paso en la dirección correcta y ejemplifica la innovación que las propias empresas e industrias deben llevar a cabo para fortalecer sus ventajas competitivas dentro de un sector económico emergente.

El propio dinamismo de la industria de la salud, le provee una ventaja propia para seguir creciendo, sin embargo el mayor reto es poder enfrentar un posible escenario de reducción de fondos federales. Las empresas en esta industria, tendrán que repensar sus modelos de negocios, para poder continuar diversificando sus ofrecimientos y mantenerse rentables. El acelerado proceso de envejecimiento poblacional será un factor crítico en el desarrollo de esta industria. De igual forma, la academia y el sector privado deberían trabajar de forma ordenada para asegurar un alineamiento de los ofrecimientos educativos y las necesidades de la industria. Mientras que el tema de la exportación de servicios será otro elemento crucial para el crecimiento de la industria en el largo plazo.

SERVICIOS PROFESIONALES

El sector de servicios profesionales, también ha experimentado un fuerte crecimiento lo que representa una enorme oportunidad para la economía. Entre el 2003 el 2013, este renglón ha mantenido un crecimiento continuo que le permitió aumentar de 98,500 a 108,800, para un aumento neto de 10,300 empleos durante este período. Este renglón está compuesto por servicios de alto valor agregado, relacionado a servicios altamente profesionales, servicios técnicos, servicios en administración de empresas, servicios científicos y especializados, incluyendo los servicios relacionados al manejo de desperdicios sólidos. Este segmento exhibe un alto grado de madurez para comenzar a exportar a los mercados de la región.

Aún dentro de la actual situación económica, las empresas de capital nativo han logrado un fuerte posicionamiento en el área de servicios legales, consultoría de negocios, contabilidad, mercadeo, publicidad, ingeniería, arquitectura, gerencia de permisos y consultoría ambiental. Las empresas locales de la industria de servicios, están en una buena posición para poder exportar utilizando los incentivos de la Ley 20 de 2012, así como para hacer alianzas estratégicas con empresas que se ubiquen en la isla para exportar servicios desde Puerto Rico. Entendemos que la iniciativa del gobierno para convertir a la isla en Centro Regional de Exportación de Servicios[61], es una idea novel, que aportaría grandemente al proceso de reactivación de la economía.

TURISMO

La industria del turismo, es uno de los sectores económicos que mayor potencial exhibe aún dentro de las actuales circunstancias económicas. Aun dentro del proceso de contracción, el turismo es una de las pocas industrias que demuestra una recuperación estable. Mientras el resto de la economía continúa en recesión, la industria del turismo demostró un leve repunte en el 2014, cuando el total de visitantes incrementó en 5%. La llegada de turistas quedándose en hoteles, experimentó una fase de decrecimiento entre el 2007 y el 2010, afectada principalmente por la crisis financiera y económica de Estados Unidos. Según la economía norteamericana comenzó a recuperarse, la llegada de turistas gradualmente comenzó a mejorar, entre el 2011 y el 2014, la llegada de turistas hospedándose en hoteles aumentó de 1,408,000 a 1,596,000, un aumento neto de 188,000 turistas[62].

Reconociendo el potencial del sector, el gobierno y la industria deben trabajar de forma coordinada para fortalecer la competitividad del sector turístico, mejorando la calidad del producto y expandir el número de hoteles e inventario

---

61 El Desarrollo de un Centro Regional de Exportación de Servicios es uno de los objetivos de la Ley 20 de 2012 y es parte del plan que promueve el Departamento de Desarrollo Económico y Comercio (DDEC).

62 División de Planificación y Estadísticas de la Compañía de Turismo.

de habitaciones. El fortalecimiento de la industria turística debe estar fundamentado en la diversificación de la oferta, integrando nuevos ofrecimientos como el turismo de la salud, turismo deportivo y el turismo cultural. Simultáneamente, Puerto Rico tiene que explorar otros mercados como América Latina, Asia y Europa, para potenciar la llegada de nuevos turistas, más allá del segmento tradicional, que actualmente es la costa este de Estados Unidos.

En el 2010, preparé un estudio económico para el Comité Olímpico de Puerto Rico titulado "Oportunidades para el desarrollo de la Industria del Turismo Deportivo". El estudio validó el enorme potencial que tiene esta industria como actividad económica, al revelar que el turismo deportivo genera sobre $100 millones anuales a la economía local y el potencial de crecimiento es cada vez mayor.

Sin embargo, para poder maximizar el potencial turístico es esencial, mejorar el acceso aéreo, estimular la inversión privada en nuevos hoteles, desarrollar una marca del destino y mejorar la calidad del producto o experiencia del turista. Desde el punto de vista de creación de nuevas actividades económicas, el turismo tiene un alto impacto multiplicador de empleos, ingresos y producción, lo cuál es favorable para el objetivo de la recuperación de la economía. El gobierno y el sector privado, debe establecer como meta la creación de 20,000 habitaciones adicionales entre el 2015 y el 2020, con el fin de convertirse en un jugador relevante en la región.

INFORMÁTICA

La explosión tecnológica que ha provocado el Internet y la revolución digital, han creado un terreno fértil para el surgimiento de empresas pequeñas y medianas en el área de la informática. Desde el diseño de programación, hasta soluciones tecnológicas de gran escala, empresas de capital local han ido ganando terreno en esta industria, en muchos casos, fundadas por jóvenes en su etapa universitaria. Recientemente, tuve la oportunidad de dar una conferencia auspiciada por Microsoft a sus socios de negocios. Luego de la conferencia, compartí con algunos de los empresarios allí presentes y pude validar el enorme talento local que existe en esta industria. Los socios de negocios de Microsoft, son empresas certificadas por esta empresa multinacional, para utilizar sus soluciones en la aplicación y diseño de programas. La gran mayoría poseen interesantes modelos de negocios e incluso, muchos exportan sus servicios desde Puerto Rico hacia América Latina.

Puerto Rico posee los atributos y las condiciones para desarrollar una industria de informática a gran escala. Aunque durante el 2013, este sector solo produjo 19,500 empleos[63], existe un enorme potencial para promover el surgimiento de nuevas empresas locales y atraer empresas del exterior, utilizando la Ley 20 de 2012, para convertir a Puerto Rico en un "centro tecnológico regional". Ya existe la masa crítica y la demanda interna por estos servicios, que permitirían potenciar el crecimiento de esta industria.

No obstante, el acceso a financiamiento e incentivos económicos, son dos componentes vitales para el crecimiento de la industria de la informática. Importantes invenciones en esta industria han surgido en las marquesinas o residencias de sus creadores. Esta lista incluye a empresas como Apple, Facebook, Microsoft, entre otras. El reto mayor que enfrentaron sus respectivos creadores, fue el acceso a financiamiento para desarrollar y comercializar sus productos. El sector financiero de Puerto Rico, tiene que asumir riesgos y ser creativo para habilitar productos financieros accesibles estos empresarios emergentes.

---

63 Negociado de Estadísticas Laborales del Gobierno Federal (BLS por sus siglas en inglés).

UN PACTO DE PAÍS

La implementación de las reformas y los cambios que necesita Puerto Rico, requiere un profundo cambio de actitud por parte de la clase política. En las últimas dos décadas, la isla parece haber entrado en un ciclo de deterioro político que impide la posibilidad de llegar a convergencias y pactos que le permitan al país salir de su actual encrucijada económica. La crisis ha creado una especie de "canibalismo político" entre los dos principales partidos políticos, que motiva al partido opositor a buscar siempre como derrotar al partido en el poder, al costo que sea, aunque se afecte el bienestar colectivo. Este canibalismo, comenzó a agudizarse a partir del 2001, llegó a su punto máximo durante el accidentado "gobierno compartido", entre el 2005 y el 2008.

Durante aquél período, la falta de consenso entre el PPD y el PNP, provocó la imposición de medidas fiscales de forma accidentada, que en cierto grado provocaron las condiciones para la actual crisis. El cierre gubernamental, en mayo de 2006, luego la imposición del IVU, marcaron el inicio de la actual crisis económica y fiscal.

Desde entonces, a pesar de la agudización de los problemas, no ha existido una tregua en la "guerra partidista". Por ejemplo, el día siguiente a la degradación a "chatarra" del crédito de Puerto Rico, pensé que por fin la crisis provocaría un cese en esta guerra, que los dos partidos principales se sentarían a dialogar sobre como habilitar un plan de país para salir. Justo al otro día de la degradación, coincidí en algunas estaciones de radio y televisión, con algunos políticos del PNP y el PPD, privadamente les expresé mi preocupación con la situación. Hice un llamado público a que aprovecharan la actual coyuntura, para poner al país por encima de los intereses partidistas. Veinticuatro horas luego de la degradación, el liderato político se repartía la culpa por la situación que había provocado la degradación del crédito a "chatarra".

La guerra partidista y la falta de madurez política para encontrar espacios de colaboración, se han convertido en una seria amenaza a la viabilidad de Puerto Rico. A esta crisis del sistema político que ocurre de forma paralela a la crisis económica, le he llamado el desafío de la ingobernabilidad. Teorizo, que el debilitamiento político e institucional es resultado de la propia crisis económica, pero a su vez se convierte en un escollo para poder encontrar una solución a los problemas. La pregunta que surge es *¿cómo se puede superar este obstáculo para poder movernos en la dirección de construir soluciones a los problemas de Puerto Rico?*

Encontrar una respuesta a esta interrogante es fundamental, toda vez que la estabilidad institucional es un factor de enorme peso dentro de cualquier proceso de reconstrucción económica. De hecho, un componente importante del proceso de desarrollo económico de la isla, bajo el proyecto de industrialización conocido como "Manos a la Obra" fue la creación de un andamiaje institucional que sirvió de apoyo al mismo despegue industrial. Instituciones como la Administración de Fomento Económico, el Banco Gubernamental de Fomento, la Junta de Planificación entre otras, fueron componentes esenciales del proceso de transformación económica de la isla. En momentos tan críticos como aquellos, en los cuáles la miseria y la pobreza mantenían estancado a Puerto Rico, emergió una clase política que fue capaz de liderar los cambios estructurales que catapultaron al país hacia la modernidad.

En una columna que publiqué en el periódico El Nuevo Día y que titulé "La Generación del Treinta"[64], analizaba como durante aquél momento histórico, la pobreza y la desesperanza de los puertorriqueños no le dieron otra alternativa a aquella generación que no fuera trabajar por Puerto Rico. Aquellos puertorriqueños no tenían tiempo que perder, no había espacio para errores, ni mucho menos para los divisionismos partidistas. Para la generación del treinta, el país estaba por encima de cualquier otra consideración. Fue así que se pudo lograr la cohesión necesaria para el subsiguiente proceso de despegue económico.

Irónicamente, desde una perspectiva material, hoy Puerto Rico está en una mejor posición de la que estaban los puertorriqueños que construyeron un país en condiciones mucho más adversas que las actuales.

LA RESPUESTA AL DESAFÍO DE LA INGOBERNABILIDAD

Al observar la dinámica partidista, no es ilógico pensar que por decisión propia, el liderato político aceptará pactar con el partido opositor para construir soluciones de largo plazo. Es decir, ningún político o candidato ha puesto electivo, va a plantear un discurso conciliador como parte de una plataforma programática. El problema de falta de confianza, agrava más la posibilidad de llegar a acuerdos entre los dos partidos, toda vez que la premisa es que el partido contrario nunca será transparente en sus verdaderas intenciones. El mejor ejemplo de esa falta de confianza, fue durante el cierre del gobierno durante las dos primeras semanas de mayo del 2006. Ante la falta de confianza, y el tranque partidista, hubo que crear una comisión liderada por líderes religiosos, que fue crucial para encontrar un acuerdo que permitió reabrir el gobierno.

Dentro de la cultura, o (subcultura) política local, pactar con el adversario es sinónimo de debilidad. Así las cosas,

---

64 Nuevo Día, marzo 21 de 2014.

no importa lo compleja que se vuelva la crisis, la tendencia apunta a que los partidos, bajo la actual dinámica, no serán parte de la solución, salvo que haya un contrapeso que provoque un cambio. Ante esta realidad, hace falta un contrapeso a la partidocracia, que desde mi perspectiva, debe provenir de una coalición de líderes de la sociedad civil. Por sociedad civil, me refiero a ciudadanos no vinculados a ningún partido o sea, ciudadanos y líderes de todos los sectores que se puedan organizar para movilizar al resto de la ciudadanía.

Estoy convencido de que llegó la hora de organizar una coalición multisectorial, representativa de todos los intereses del país, para que asuma un liderazgo público y encause un proceso de "gobernanza ciudadana". Con este concepto, no me refiero a la creación de un nuevo partido político, sino a un movimiento de acción ciudadana, que organice y ejecute un plan conducente a provocar un dialogo con las principales fuerzas políticas.

Sospecho que por la magnitud y complejidad de la actual crisis, el empresariado local va a tener que asumir una responsabilidad más allá de su función tradicional. El sector empresarial y las organizaciones profesionales, deben asumir una nueva responsabilidad y reclamar un espacio en el diseño y ejecución de las estrategias de desarrollo económico. En gran medida, el actual problema económico de Puerto Rico, es la consecuencia directa de haber delegado totalmente al gobierno el manejo de los temas económicos.

Mientras el modelo económico funcionó, casi todas las empresas generaban ganancias y casi todo el mundo disfrutaba de una bonanza que parecía infinita. Eso terminó hace un tiempo, gradualmente, amplios sectores del mundo empresarial comienzan a entender que resolver la crisis va a requerir de grandes sacrificios y de una nueva responsabilidad ciudadana.

MODELOS DE COLABORACIÓN EMPRESARIAL

La participación del empresariado puertorriqueño, es fundamental por dos razones. En primer lugar, la inclusión del conocimiento y las ideas de los empresarios puede nutrir el proceso de construcción de soluciones, en segundo lugar, antes los continuos cambios de gobierno, las organizaciones empresariales pudieran ayudar a mantener alguna continuidad de las estrategias implementadas. Un claro ejemplo de la oportunidad que puede existir para una colaboración entre el gobierno y sector privado, es en la gestión promocional de Puerto Rico como destino de inversión. Históricamente, esta función a estado en manos del gobierno, esencialmente la lleva a cabo la Compañía de Fomento Industrial (PRIDCO por sus siglas en inglés).

Ante la nueva competencia global, promover a Puerto Rico es cada vez más difícil. El gobierno, debería crear un nuevo modelo de promoción, que delegue al sector empresarial la responsabilidad de mercadear a la isla globalmente. Por ejemplo, el estado de la Florida, utiliza un organismo cuasi-privado, que lleva el nombre de "Enterprise Florida", que tiene la función de promover el desarrollo económico, la atracción de inversión y el comercio exterior de las empresas ubicadas en ese estado.

Creada en el 1996, "Enterprise Florida" opera como una alianza público privada, que ha servido para colocar al estado de la Florida como un competitivo destino comercial y de comercio internacional. La organización opera como una empresa privada que se encuentra al margen de los cambios de gobierno en el estado, lo que permite darle continuidad a los planes y estrategias.

Contrario "Enterprise Florida", desde el 2001 al presente, la Compañía de Fomento Industrial ha tenido sobre diez directores ejecutivos y un continuo cambio en la estrategia de retención y atracción de nuevas empresas. Con respecto al turismo, la situación no es muy diferente. Los continuos cambios de administración, no han permitido el desarrollo de una marca (branding) que defina a Puerto Rico como destino, para poder competir con otros países de la región. El presupuesto de publicidad de la Compañía de Turismo, cercano a $40

95

millones, posiblemente el más alto del gobierno, es el "botín de guerra" de la principal agencia de publicidad del partido que gane las elecciones. En la última década y media, se ha experimentado con varias estrategias de mercadeo, ninguna ha logrado posicionar exitosamente a Puerto Rico en el mercado turístico de la región.

Para atender esta deficiencia, la industria del turismo ha reclamado crear un programa que transfiera a una organización cuasi-privada, los fondos para crear una estrategia publicitaria que no esté sujeta a los cambios de gobierno. Específicamente, la Asociación de Hoteles y Turismo propuso en el 2012, la creación de un "Destination Marketing Organization" (DMO), que tendría esa responsabilidad. Dicha propuesta no prosperó y en su lugar, se creó otro mecanismo, conocido como la Marca País[65], un concepto ideado por la legislatura que hasta el momento no ha tenido mucho progreso.

URGE DESPOLITIZAR EL MANEJO DE LA ECONOMÍA

Además de lograr un mayor grado de gobernabilidad social y económica, hay que despolitizar el manejo de los temas económicos. La política partidista se ha impregnado en todas las vertientes de la vida de los puertorriqueños. Durante lo meses anteriores al cierre del gobierno del 2006, ya se manifestaba claramente, las posiciones encontradas entre el Ejecutivo y la Rama Legislativa. Para poder aglutinar los esfuerzos de las organizaciones empresariales en el proceso legislativo, se organizó la "Coalición del Sector Privado[66]. Entre

---

65 La Ley 70 del 23 julio de 2013, mejor conocida como "Ley para el Desarrollo de una Marca País", crea un "Comité Permanente para la Creación, Desarrollo, Implementación y Mantenimiento de una Marca País", adscrito al Departamento de Desarrollo Económico y Comercio.

66 La Coalición del Sector Privado se organizó durante el 2006, para coordinar de una forma más efectiva la posición de las organizaciones empresariales los asuntos económicos medulares. La reforma contributiva del 2006, la creación de una nueva Ley de Incentivos Económicos y los esfuerzos para lograr la Sección 933-A, fueron asuntos importantes que atendió esta entidad.

el 2006 y hasta aproximadamente el 2012, esta organización llevó a cabo varias iniciativas que buscaban proveer algún nivel de estabilidad a las iniciativas económicas, y despolitizar la discusión de las estrategias para reactivar la economía.

La gravedad de la crisis fiscal y económica, exige la creación de mecanismos de participación ciudadana y de organismos no gubernamentales para desarrollar políticas económicas y estrategias que trasciendan los cambios políticos. Como país, debemos comenzar a desarrollar una nueva cultura de participación ciudadana en la gestión pública y la exigencia de la apertura y transparencia gubernamental. Los nuevos modelos de gobierno de los países socio-económicamente exitosos y con democracias efectivas, se caracterizan por la apertura a coaliciones entre partidos, la transparencia y la rendición de cuentas.

EN EL ESPEJO DE NUEVA ZELANDIA

En octubre de 2013, tuve la oportunidad de participar en un foro auspiciado por el Centro de Gobernanza Pública y Corporativa de la Universidad del Turabo y el Colegio de Contadores Públicos Autorizados (CPA).

En el foro, el orador principal Maurice McTigue[67], ex ministro del Trabajo de Nueva Zelanda[68], expuso que los tres problemas fundamentales de su país en aquél momento, eran muy similares a los que hoy tiene Puerto Rico. Un gobierno grande, exceso de impuestos y un gasto público excesivo. Previo al 1950, el ingreso per cápita de Nueva Zelandia, era el tercero más grande en el mundo, detrás de Estados Unidos y Canadá[69]. Para el 1984, este indicador había caído a la posición número 27, la tasa de desempleo era de 11%, y la nación experimentaba un déficit fiscal y una deuda pública,

---

67 Maurice McTigue actualmente es el vicepresidente del Mercatus Center de la Universidad George Mason de Virginia. Esta organización le provee apoyo al Centro de Gobernanza Pública y Corporativa, adscrita a la Universidad del Turabo.

68 El PIB per cápita es de $41,555, casi el doble que el de Puerto Rico

69 Rolling Back Government: Lessons from New Zealand, Maurice P. McTigue.

que representaban el 40% y 65% del PIB, respectivamente. Tal situación provocó que el crédito fuera degradado constantemente por las casas acreditadoras.

Según el conferenciante, entre 1984 y 1990, esta nación inició una serie de reformas gubernamentales que se fundamentaron en la transparencia gubernamental y rendición de cuentas. Las reformas se extendieron a la reducción del gasto público, la privatización de empresas estatales, la eliminación de subsidios a industrias ineficientes, la simplificación del sistema impositivo y la desregulación de actividades que afectaban la eficiencia del sector privado.

La reforma incluyó una reducción de 66% en el tamaño del gobierno, y la participación del sector público dentro del PIB, se redujo de 44% a 27%. La deuda pública como proporción del PIB, se redujo de 63% a 17%, como resultado, el ingreso fiscal aumentó en 20%.

La reforma contributiva redujo el impuesto máximo sobre el ingreso, de 66% a 33%, la más baja, de 38% a 19%. Igualmente, se eliminaron todos los demás impuestos, se estableció un impuesto sobre el consumo de 10%. La simplificación del sistema contributivo, la reducción del gasto y un reenfoque total de la filosofía del gobierno, fueron componentes esenciales de las reformas de Nueva Zelandia. Actualmente, esta nación tiene una de las economías más dinámicas del mundo, en el 2014, ocupó la posición número 18, dentro de la jerarquía de competitividad del Foro Económico Mundial.

Puerto Rico debe mirar la experiencia de Nueva Zelandia y de otros países que han logrado implementar reformas exitosas para superar problemas iguales o peores a los nuestros. El objetivo no debe ser copiar estos modelos, sino aprender de sus experiencias, adaptar estas estrategias a nuestra propia realidad económica y social. Sin embargo, si algo queda claramente establecido, es que para superar la actual crisis, urge un nuevo modelo de gobernanza y una total despolitización del manejo de los temas económicos y fiscales.

PALABRAS FINALES

Nunca antes, Puerto Rico se había colocado en una encrucijada tan complicada como la actual. Casi una década en depresión económica, una masiva emigración de profesionales, un gobierno al borde de la insolvencia, el crédito degradado a "chatarra", y una clase política incapaz de dialogar y llegar a acuerdos. Cada día que transcurre, las opciones son más limitadas y el gobierno se queda sin herramientas para resolver sus problemas. No hay duda, de que son tiempos de grandes retos que requerirán de un liderazgo de todos los sectores.

Puerto Rico enfrenta una crisis histórica, muy similar a la que se experimentó en la década del 1930, cuando la Gran Depresión derrumbó la estructura productiva agrícola. La crisis de entonces, lejos de intimidar a aquellos puertorriqueños, provocó grandes cambios que dieron paso a la gran transformación industrial que experimentó la economía en las décadas subsiguientes. Todo indica que la actual crisis económica y fiscal es el resultado del colapso del modelo económico y de gobierno diseñado a mediados del siglo pasado. Contario a la anterior crisis económica, en esta ocasión las condiciones geopolíticas son diferentes, ya Puerto Rico no tiene el mismo valor estratégico que tuvo en el pasado para los Estados Unidos. Eso nos obligará a construir por primera vez, una solución propia.

La globalización, el fin de la guerra fría y el surgimiento de nuevas potencias económicas, han definido un nuevo contexto, en el cual tendremos que encontrar nuestra propia identidad comercial y definir un rol económico. La normalización de relaciones entre Estados Unidos y Cuba, parece ser la última llamada para que comencemos a tomar con mayor seriedad el diseño de una verdadera agenda de desarrollo económico. Pero primero hay que tomar acción sobre asuntos domésticos que afectan el presente y las opciones económicas a largo plazo.

La reestructuración de la deuda pública debe ser la principal prioridad de Puerto Rico dentro de cualquier plan de revitalización económica. El gobierno debe desistir de su actual política pública orientada a cumplir con el pago de la deuda en términos onerosos y que son económicamente insostenibles.

Ante el riesgo inminente de un colapso del aparato gubernamental y el estancamiento del sector productivo, la única ruta sensata es iniciar un proceso de diálogo que permita reestructurar la deuda. Debemos dejar la mayor cantidad de recursos dentro de la economía para comenzar el proceso de rehabilitación productiva. La clase política debe entender que la solución a la crisis no llegará con mayores impuestos y mucho menos con un mayor gasto público, sino proveyéndole a las empresas y a los ciudadanos las herramientas para reconstruir la economía.

Como vimos en el capítulo 5, otras jurisdicciones y países, con problemas similares al que tiene Puerto Rico en la actualidad, fueron capaces de implementar programas de reestructuración de su deuda. De forma paralela, el gobierno debe implementar una reforma gubernamental y una reforma fiscal, que transformen la estructura del gobierno y la manera en la que se gastan los fondos públicos. La asignación que tenemos ante nosotros debe también incluir la reformulación del sistema contributivo, el cual además de asegurar un nivel de ingresos óptimos para el gobierno, debe a promover el trabajo, el ahorro y la inversión.

Finalmente, pero más importante debemos articular un programa de desarrollo económico que rehabilite la capacidad productiva de la economía y viabilice la creación de miles de empleos, nueva riqueza, pero más importante, calidad de vida. Todas estas reformas deben de implementarse de manera simultánea y con un gran sentido de urgencia. Puerto Rico aún puede ser un lugar viable, de oportunidades, pero tenemos que asumir los retos con valentía y gran sentido de responsabilidad histórica. Vamos a hacerlo.

ANEJOS

Ponencia ante la Comisión de Hacienda de la Cámara de Representantes en torno al Proyecto de Transformación del Sistema Contributivo

23 de febrero de 2015

Hon. Rafael Hernández Montañez
Presidente
Comisión de Hacienda
Cámara de Representantes
Estado Libre Asociado de Puerto Rico

Estimado Representante Hernández:

Agradezco la oportunidad que me ofrece esta Honorable Comisión, para presentar mis comentarios y recomendaciones en torno al Proyecto de la Cámara 2329, mejor conocida como "Ley de Transformación al Sistema Contributivo del Estado Libre Asociado de Puerto Rico". Esta pieza legislativa pretende derogar la Ley Núm. 1 de 2011 y sustituirla por una nueva, Ley

Tributaria, fundamentada primordialmente en un Impuesto al Valor Añadido (IVA). Comparezco ante ustedes en calidad de economista independiente, profesión que he ejercido desde el 1992 hasta el presente. En un período de tiempo, desde el servicio público, como asesor de este cuerpo legislativo (2001-2004) y eventualmente como Asesor Económico en La Fortaleza (2005-06). A partir del 2006, presido la firma de consultoría Inteligencia Económica Inc. en donde hemos preparado varios estudios sobre el sistema contributivo, incluyendo dos informes sobre la evasión del Impuesto de Venta y Uso.

TRASFONDO HISTÓRICO DE OTRAS REFORMAS CONTRIBUTIVAS

Aunque comparto algunas de las premisas conceptuales y planteamientos establecidos en la exposición de motivos e intenciones legislativas de este Proyecto de Ley, el mismo también me genera profundas preocupaciones sobre las intenciones reales de esta legislación, así como los efectos que tendrá sobre la economía.

Desde el 1987 al presente, diferentes administraciones de gobierno han ensayado con diferentes reformas contributivas en diversos contextos económicos. Durante la última administración de Rafael Hernández Colón, se implementó una reforma contributiva bajo la Secretaría de Juan Agosto Alicea.

En el 1994, durante la administración del Gobernador Pedro Rosselló, se llevó a cabo otra reforma contributiva. Mientras que durante el período de 2005 al 2006, en medio de una crisis fiscal algo similar a la actual, se implementó otra reforma al código contributivo que dio paso al impuesto al consumo de 7% (IVU) y otros cambios al sistema contributivo.

A finales del 2010, la administración anterior legisló una tercera reforma contributiva, para proveer un alivio contributivo para los individuos y las corporaciones; simplificar el sistema, promover el desarrollo económico y reducir la evasión contributiva. Esta sería la quinta reforma contributiva que se implementa en Puerto Rico, en menos de dos décadas. Sería la tercera reforma del sistema tributario en menos de diez años, una por cuatrienio, a partir del 2005, lo que en nada abona a generar un ambiente de confianza y estabilidad para la inversión y el desarrollo económico del país.

LA RAÍZ DE LOS PROBLEMAS FISCALES DE PUERTO RICO

En el pasado reciente, diversas administraciones han intentado múltiples estrategias fiscales, como la propia implementación del IVU en el 2006 y la Ley 7 de 2009. En esa misma dirección, esta administración aprobó la Ley 40 de 2013, y que generó aumentos impositivos y una expansión en el gasto público hasta $9,800 millones. Ninguna de estas medidas ha dado resultados efectivos, porque desde el 2005 al presente, todos los esfuerzos para resolver el problema de las finanzas públicas han estado divorciados de un programa de desarrollo económico que rehabilite la capacidad productiva de la economía. Desde que finalizó el proceso de transición, al ser derogada la Sección 936, en el 2005, la economía local no ha sido capaz de atraer ni generar los niveles de inversión necesarios para mantener el crecimiento económico. La contracción del Producto Nacional Bruto (PNB a precios constantes), parece responder más a factores internos como la continua imposición de medidas impositivas, el alto endeudamiento público y la debilidad de los principales sectores productivos como la manufactura y la construcción. Hemos estimado que entre el 2006 y el 2014, los diferentes impuestos han generado sobre $11,000 millones en ingresos adicionales[70], aún el gobierno opera con un déficit estructural cercano a los $1,000 millones.

---

70 Impacto global del IVU, el impuesto a las corporaciones foráneas habilitado por la Ley 154 de 2010, y la Ley 40 de 2013, incluyendo la "Patente Nacional"

Comportamiento del consumo y la inversión

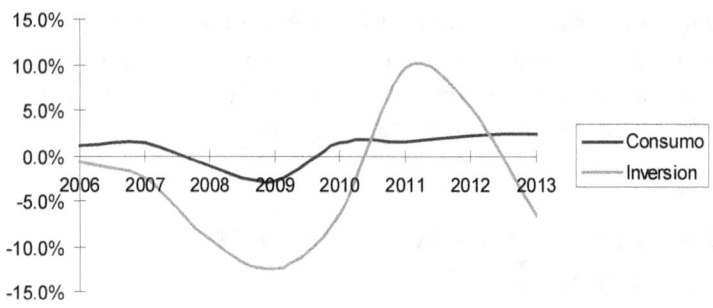

Fuente: *Apéndice Estadístico, Informe Económico al Gobernador, 2013.*

Claramente, el problema fiscal descansa no en la falta de ingresos, sino en el exceso del gasto público y la propia ineficiencia del aparato gubernamental. Las continuas alzas impositivas, solo han servido para agudizar la contracción económica, que a su vez reducen la base productiva y han provocado un círculo vicioso en el cual ha quedado atrapado el país desde el 2006 al presente.

IMPACTO MACROECONÓMICO DE LA REFORMA CONTRIBUTIVA

Ningún sistema contributivo puede estar desconectado de ciertos principios rectores y objetivos macroeconómicos. La teoría fiscal establece que los sistemas impositivos tienen que cumplir con los siguientes principios: simplificación administrativa, asegurar los recursos fiscales del estado, generar equidad y promover el desarrollo económico. La propuesta reforma contributiva, atiende parcialmente algunos de estos principios.

Al examinar el P. de la C. 2329, se evidencia que los fundamentos principales de esta transformación son, la eliminación del IVU de 7% para dar paso a un IVA de 16% de base amplia. La propuesta también eximirá del pago de contribuciones sobre ingresos a 835,000 contribuyentes (aquellos con ingresos anuales de $40,000 o menos). El resto de los contribuyentes recibirá reducciones en sus tasas contributivas para compensar por la imposición del IVA. El proyecto también elimina algunas deducciones, como los intereses hipotecarios que se sustituye por un crédito.

El proyecto establece, que para mitigar el potencial efecto regresivo del IVA sobre esta población y otros grupos en desventaja económica, se establecerá un sistema de créditos a ser pagados tres veces al año. El racional del nuevo sistema contributivo es que a través de un IVA con una captación de 75%, se podrá ampliar la base de recaudos, gravando el consumo, incluyendo la economía informal. Esto permitirá eliminar la responsabilidad contributiva sobre ingresos a un grupo considerable de contribuyentes y reducir la carga a otros grupos con mayores niveles de ingresos. En el nuevo sistema, los ingresos provenientes del IVA, representarán el 39.3% de los ingresos del fondo general, mientras que bajo el IVU, solo representa el 6.59% de los ingresos y las contribuciones sobre ingreso personal, representan el 12.2%.

La propuesta también incluye una reducción en las tasas corporativas, un cambio en el tratamiento preferencial al ingreso pasivo, y la eliminación de la "Patente Nacional" entre otros.

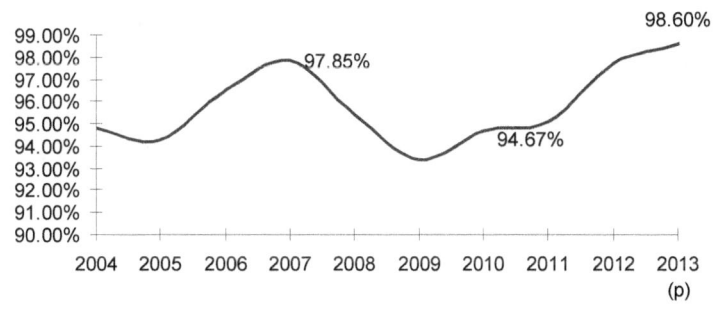

Gastos de consumo personal como proporción del ingreso personal

Fuente: Apéndice Estadístico del Informe Económico del Gobernador, 2013

REGRESIVIDAD

Un sistema contributivo debe tener como principal virtud promover la equidad y una justa distribución del ingreso. Uno de los defectos de los impuestos al consumo en sus diferentes modalidades es que son regresivos, es decir, tienen el potencial de afectar adversamente a la población de menores ingresos. Aunque el IVA de 16% propuesto, exime de la base tributable a los alimentos no procesados y las medicinas recetadas, entre otros renglones, una gran cantidad de bienes y servicios quedarán sujetos al pago del nuevo impuesto incluyendo la educación privada y los servicios médicos no cobijados por programas federales. Por el alto nivel de consumo en Puerto Rico, las personas con ingresos de $30,000 o menos de ingreso anual y que consuman al menos 70% de su ingreso personal, terminarán pagando más en contribuciones bajo el nuevo sistema.

Mientras mayor sea el consumo como proporción del ingreso de este segmento poblacional, mayor será el efecto regresivo del IVA. La realidad es que los puertorriqueños tienen un fuerte patrón de consumo. En el 2013, el ingreso personal de los puertorriqueños ascendió a $63,401 millones, mientras que los gastos de consumo personal, ascendieron a $62,511 millones para una relación de 98.6%. Los servicios de salud, la compra de los gastos de vivienda y la compra de alimentos, fueron los renglones donde mayormente los ciudadanos gastan su dinero, con proporciones de 19.4%, 15.1% y 14.2%, respectivamente[71].

---

71 Apéndice Estadístico, Informe Económico al Gobernador, 2013

Aumento interanual en el Indice de Precios al Consumidor

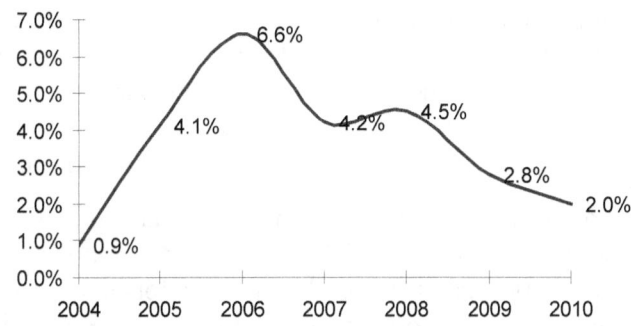

Fuente: Apéndice Estadístico del Informe Económico del Gobernador, 2013

AUMENTO EN LOS PRECIOS

Otra de las grandes preocupaciones en torno al IVA, es en su potencial efecto para aumentar los precios. El aumento de 7% a 16% en el impuesto al consumo representa un incremento en la base de costo de las empresas. Por ende, a partir de la aprobación del IVA, los nuevos precios de los bienes y servicios, reflejarán dentro de su estructura de costos el nuevo impuesto. Tal y como pasó cuando se implementó el IVU en noviembre del 2006, los precios y los servicios sujetos al IVA experimentarán un incremento. Esto ocurre en un momento donde ya existen presiones inflacionarias. El aumento en el nivel de precios para el 2015 y el 2016 se verá afectado por otros factores, como el alza en el impuesto de los derivados del petróleo, aprobado recientemente por esta Asamblea Legislativa y por un posible aumento en la tarifa de la electricidad como parte del plan de reestructuración que se lleva a cabo en la AEE, para cumplir con sus acreedores.

COSTOS DE HACER NEGOCIOS

El IVA, por ser un impuesto que se implementa a través de la cadena de distribución, requiere mayores sistemas de controles por parte de las empresas. Esto implicará mayores costos administrativos que tendrán que ser absorbidos por los comercios. Esto tendrá el efecto de aumentar los costos de hacer negocios y tendrá un impacto en los precios finales de los productos. Todos los informes recientes sobre el tema de competitividad, indican que unas de las áreas donde Puerto Rico enfrenta un rezago, es en los altos costos de hacer negocios. Con la implementación del IVA, lejos de avanzar en este renglón, estaremos retrocediendo.

Igualmente preocupante, es el hecho de que en la etapa transicional, la imposición del IVA en las transacciones entre negocios, no habrá créditos por el pago de impuestos en los insumos productivos, lo que representará un incremento de 9% en los costos operacionales de las empresas. Esto puede generar un "shock" a través del sistema productivo en el momento de mayor fragilidad de la economía.

FISCALIZACIÓN

Otra de las interrogantes que surgen de la actual propuesta, es la falta de capacidad del Departamento de Hacienda para administrar un sistema mucho más complejo que el sistema actual. Bajo el modelo del IVA, habrá que administrar un sistema de reembolso y créditos a los consumidores y comerciantes. Es de conocimiento general que en la actualidad el Departamento de Hacienda, no dispone del recurso humano, ni de la organización, y mucho menos de la infraestructura tecnológica, para poder transitar hacia el nuevo modelo. Esta debilidad pone en duda la meta de poder lograr una captación del 75% del IVA y que se pueda llevar a cabo una implementación del nuevo sistema dentro del lapso de tiempo que ha dicho el propio Secretario de Hacienda, Juan Zaragoza.

IMPACTO ECONÓMICO

Poco se ha dicho o se sabe sobre los efectos de esta reforma contributiva en los esfuerzos que realiza el Departamento de

Desarrollo Económico y Comercio para reactivar la economía. Para poder pasar un juicio real sobre este proyecto, es indispensable conocer el efecto de estos cambios contributivos en el agregado económico, es decir, sobre el Producto Nacional Bruto. Desde este punto de vista, nos preocupa el efecto de la propuesta reforma contributiva sobre el componente más importante de la ecuación de demanda agregada, que es la inversión[72]. En la Sección 1022.01 se establece una nueva contribución a las corporaciones regulares de 30%, lo que reduce la tasa actual de 39%. En momentos en que Puerto Rico necesita nueva inversión y atracción de nuevas empresas, nos parece que la tasa corporativa debería ser de 20% para fortalecer el crecimiento del sector corporativo no exento.

De igual manera, la tasa corporativa de 30% mantendría una disparidad entre las llamadas empresas exentas (manufactura y turismo) y las del resto de los sectores productivos. Igualmente contradictorio, es el hecho de que a través de las leyes 20 y 22 de 2012, se mantengan tratamientos contributivos preferenciales al inversionista del exterior, lo que pondría en desventaja a los empresarios e inversionistas locales.

Nos preocupa grandemente, que el incremento de recursos fiscales como resultado de esta reforma, sea utilizado para el pago de la deuda del gobierno y para cerrar la actual brecha fiscal o déficit estructural de $1,000 millones. Información disponible en la página cibernética del BGF, indica que el servicio de la deuda garantizada por la constitución aumentará de $1,300 millones en el 2015, a $1,900 millones en el AF 2016. Si el objetivo de la actual reforma es la transferencia de mayores recursos del sector privado al sector público, para pagar deudas viejas y financiar operaciones no eficientes del gobierno, puedo garantizarles que los problemas fiscales no serán resueltos. Recomendamos que previo a implementar una reforma contributiva, se lleve a cabo una reforma gubernamental y una reforma fiscal, que defina el nivel de gastos de

---

72   La demanda agregada está representada de la siguiente Y=C+G+I + (X-M).

una nueva estructura de gobierno ajustada a la nueva realidad económica.

Igual o más importancia, debe tener reestructurar la deuda pública, reorientar la mayor cantidad de recursos hacia la inversión en infraestructura y mejoras de capital. Al evaluar el actual presupuesto consolidado, resulta sorprendente ver como sólo $1,190 millones están orientados a mejoras permanentes, mientras que $4,504 millones están destinados al pago de deuda.

UN MODELO DE TRANSICIÓN

Según la situación económica y fiscal continúa agudizándose, son cada vez más los sectores que levantan su preocupación sobre la conveniencia de implementar una reforma contributiva en el actual contexto. La caída de todos los indicadores económicos, la falta de liquidez del Departamento de Hacienda, la fragilidad del Banco Gubernamental de Fomento y el acceso limitado al mercado de capital, colocan a Puerto Rico en una posición muy peligrosa y vulnerable. Las más recientes degradaciones del crédito por las principales casas acreditadoras, dejan ver la poca confianza del mercado hacia esta propuesta y peor aún, implica un encarecimiento en los términos para acceder a nuevo financiamiento.

Una de las mayores interrogantes de la ciudadanía, es ¿por qué el Departamento de Hacienda no ha intentado mejorar el actual sistema fundamentado en el Impuesto de Venta y Uso (IVU)? Un estudio de Inteligencia Económica Inc., demostró que para el 2014 la evasión del IVU se encuentra en 44%, lo que representa una pérdida anual de $900 millones. En ese mismo estudio, se plantearon diversas alternativas para que el gobierno aumente la captación del IVU a por lo menos 70%, utilizando los recursos tecnológicos existentes. Además, el informe plantea que mediante un acuerdo de colaboración con los gobiernos municipales, el Departamento de Hacienda pudiera aumentar su actual nivel de fiscalización y de efectividad en el recaudo del IVU. Los gobiernos munici-pales, han demostrado un mayor nivel de eficiencia cobrando su parte del impuesto al consumo de 1.5%, con una captación que fluctúa entre 70% y 80%. He dialogado personalmente con varios alcaldes de ambos partidos, y éstos me han expre-sado su apoyo a esta propuesta, lo cuál representa un con-senso partidista que haría aún más viable su implementación.

La municipalización de la fiscalización y cobro del IVU, estaría en sintonía con el fortalecimiento de la autonomía municipal que ambos partidos políticos han promovido como política pública desde el 1991. Bajo este concepto, los munici-pios pudieran organizar consorcios para llevar a cabo esta fun-ción de manera regional. La actual crisis fiscal demuestra que el modelo del gobierno centralizado ha fracasado y que una opción para mejorar la gestión gubernamental y la eficiencia, sería mediante la regionalización, integrando a los municipios de forma racional.

Con un mejoramiento en los niveles de captación, apoyado en la eficiencia de los gobiernos municipales en el cobro del IVU municipal, el gobierno central pudiera elevar la tasa del impuesto a 10% para aumentar significativamente los recaudos del Fondo General[73]. Con este incremento, se pudieran financiar créditos contributivos para mitigar la regre-sividad, introducir rebajas a las tasas contributivas de indivi-duos y corporaciones, incluyendo la eliminación de la "Patente Nacional". Este modelo, fundamentado en la optimización del IVU, pudiera ser utilizado como una transición, para eventual-mente realizar una reforma contributiva, en el comienzo del 2017, durante el inicio de un nuevo gobierno, bajo el partido que prevalezca en las elecciones del 2016.

La reestructuración del sistema contributivo, posible-mente sea de las últimas herramientas de las que dispone Puerto Rico para salir de su actual crisis. Por tal razón, sería

---

73 Análisis preliminares indican que bajo estas condiciones el Departamento de Hacienda pudiera elevar hasta 2,900 millones los recaudos por concepto del IVU con las mismas exclusiones que hoy tiene el mismo tributo.

recomendable llevar a cabo este proceso de forma ordenada, con unos objetivos sociales y económicos claramente definidos, y con el mayor consenso entre los diferentes sectores del país. Aprobar e implementar esta reforma de manera atropellada, motivado únicamente para cumplir con las exigencias de los bonistas o cuadrar el déficit del gobierno, en nada resolvería los problemas fiscales y económicos que enfrenta Puerto Rico.

Deberíamos aprender de los errores cometidos en el pasado y comenzar a implementar estrategias diferentes, que atiendan la naturaleza estructural del estancamiento que experimenta el país desde el 2006. Respetuosamente, exhorto a esta Asamblea Legislativa a explorar otras vías, que permitan atender el problema fiscal y productivo mediante un consenso bipartidista que viabilice la continuidad de las reformas a ser adoptadas.

Espero que los comentarios hayan sido de utilidad para el análisis de la pieza legislativa que esta Comisión tiene ante su consideración.

Cordialmente,

Gustavo Vélez

GUSTAVO VÉLEZ

Desde muy joven, Gustavo Vélez mostró cierta inclinación hacia los asuntos de Puerto Rico. Luego de la separación de sus padres, a muy temprana edad, se fue a vivir con sus abuelos paternos. A los 13 años comenzó a desarrollar interés por la literatura y la política, y empezó a practicar de forma competitiva el deporte del atletismo. En el 1988 se graduó del Colegio de Nuestra Señora de Belén.

En agosto de ese mismo año entró a la Universidad de Puerto Rico donde obtuvo una beca deportiva y comenzó sus estudios en economía. Allí combinó sus actividades académicas con sus responsabilidades como atleta de pista y campo de dicha institución. Vélez participó de la Asociación de Estudiantes de Economía y fundó la Asociación de Estudiantes Atletas en el 1991. Antes de graduarse, tuvo la oportunidad de trabajar como analista económico del Consejo de Desarrollo Estratégico del entonces gobernador de Puerto Rico, Rafael Hernández Colón, hasta diciembre de 1992.

En el 1997, sus inquietudes e interés por servirle al pueblo lo llevaron a unirse al equipo de trabajo de la entonces alcaldesa de San Juan, Sila M. Calderón, con quien también colaboraría en su esfuerzo para llegar a la gobernación. En el 2001 decidió unirse al equipo de trabajo del recién electo vicepresidente de la Cámara de Representantes, Ferdinand Pérez, como asesor económico y legislativo.

En el 2004, se unió al equipo de trabajo del entonces candidato a gobernador, Aníbal Acevedo Vilá, y en el 2005 se integró al equipo de asesores del mandatario como asesor en asuntos económicos y laborales. En el 2006, problemas de salud lo obligaron a presentar su renuncia y decidió fundar su propia empresa, Inteligencia Económica, Inc., una firma especializada en proveer asesoría a empresas y organizaciones empresariales.

En noviembre de 2006 se sometió a una cirugía cardiovascular para corregirle una aneurisma aórtica. Desde entonces, Vélez se ha dedicado al campo de la consultoría a la vez que colabora con diversos medios de prensa como analista sobre temas económicos. En el 2010 fue nombrado por el gobernador Luis Fortuño a participar como miembro de su Consejo de Asesores Económicos.

El autor utiliza su tiempo libre para leer y practicar sus dos deportes favoritos, el tenis y el *jogging*, además de compartir con su hijo, Fabián.

EXPERIENCIA EDUCATIVA Y PROFESIONAL

- Obtuvo su bachillerato y maestría en Economía de la Universidad de Puerto Rico en Río Piedras, con la distinción, *Magna Cum Laude*. Inició su carrera profesional en el 1992, como analista económico en el Consejo de Desarrollo Estratégico del entonces gobernador, Rafael Hernández Colón. Allí participó en diversos proyectos de planificación económica y de política pública.

- Trabajó como economista en la Junta de Planificación de Puerto Rico y también en firmas de consultoría económica como: Consulta Económica y Planificación, Inc., y Estudios Técnicos, Inc.

- Entre el año 1997 y el 2000 fungió como director ejecutivo del Programa de Desarrollo Empresarial del Municipio de

San Juan. Entre el 2001 y el 2004 trabajó en la Cámara de Representantes, donde se desempeñó como asesor económico. Allí también fue director ejecutivo de la Comisión de Desarrollo Urbano y Vivienda, y de la Comisión de Desarrollo Socioeconómico y Planificación. Entre el 2005 y el 2006 laboró como asesor económico del gobernador de Puerto Rico, Aníbal Acevedo Vilá.

- En marzo del 2006 fundó la firma de consultoría Inteligencia Económica, Inc., la cual provee asesoramiento económico para organizaciones privadas locales y multinacionales. Actualmente, es miembro de la Junta Asesora de Banesco en Puerto Rico y de la Junta Estatal para la Inversión en la Fuerza Trabajadora. En el 2010 fue nombrado por el gobernador de Puerto Rico, Luis Fortuño, al Consejo de Asesores Económicos del Gobernador, un organismo independiente que asesoraba en temas de política económica.

- Además de ser colaborador de CNN Dinero y El Nuevo Día, conduce junto con Angelo Díaz, el Programa Radial "Tu Dinero Seguro" todos los sábados de 11:00 a 11:30 a.m.